億万長者のすごい習慣

岡崎太郎

三笠書房

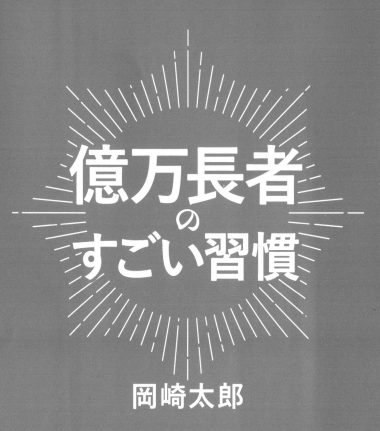

How to become a happy millionaire

——忙しすぎて、やりたいこともできないなんて、貧乏より始末が悪い。

自由とは	*What is freedom?*
経済的な自由	*Economic freedom*
自由に使える時間	*Time to spend freely*
溢れるやる気と向上心	*Full of motivation and ambition*
健康な身体	*Healthy body*
前向きな精神	*A positive spirit*
情報と見識と趣味	*Information and insight and hobbies*
一緒に遊べる仲間	*Friends to play with*
信頼関係と尊敬関係	*Building a relationship of trust and respect*
思慮深さ	*Thoughtfulness*

プロローグ――「この習慣」が億万長者への道を拓く

僕は26歳で**月商1億円**を売り上げました。

24歳で通販事業を始め、25歳のときに雑誌『ａｎ・ａｎ（アンアン）』に広告を出した「いちごミルクダイエット」という商品が、爆発的な人気を得たからです。

もう22年も前のことです。


その後、30歳で独立して、通販コンサルタントとして活動を開始しました。

独立から1年ほどして取締役に就任した化粧品の通販会社が、年商98億円に成長して株式公開を果たすと、**僕の資産は一挙に数億円**になりました。しかし、２００８年のリーマンショックで、海外に投資していた債券を半分ほど消失してしまいました。

それもあって、惚《ほう》けることなく実直に働いています。

本業の通販コンサルタントとして、18年にわたる期間で開発に携わった商品は120種類以上。中には年間160億円も売れたヒット商品もあります。

現在もアスリート業界で注目されているプロテインドリンクのいくつかは、僕が開発に深く関わった商品です。大手メーカーが寡占していたマーケットに粗利を削って参入し、数年で驚くほどの成長を遂げています。他にも多くの魅力あふれる製品、元気な企業と一緒に仕事をしつつ、こうして執筆業にも取り組んでいるのです。


そんな僕が、20年以上も関心をもって個人的に研究してきたテーマが**「億万長者」**です。このテーマはかなり刺激的で、今も僕の興味は衰えることはありません。


多くの日本人が考える億万長者の要件は、**資産1億円以上の人**です。

1万円札が1万枚で1億円。サラリーマンの生涯年収が約2億円ですから、その半分の1億円を資産でもっているというのは、たしかにお金持ちです。

それこそ『フォーブス』*などで紹介されるビリオネアといえば、10億ドルのこと、

日本円で約1000億円（当然ですが為替に左右されます）の超資産家のことを意味します。

それにしても1000億円を超える資産とは、大変な金額ですね。

これだけの資産があれば、年に1億円を浪費しても1000年間も遊んで暮らすことができます（ただし、どんなお金持ちでも1000年は生きられませんが）。これを金利5％の金融商品に投資すると、毎年50億円増えていく計算になります。

しかし、その程度で驚いてはいけません。

2018年の7月、アマゾンのCEOのジェフ・ベゾス氏が、これまでのお金持ちの記録を更新しました。その資産額はなんと**17兆5000億円！**

この金額は、トルコやオーストリアの年間の国家予算に匹敵します。なんというスケール感でしょう。

さて、最新の2018年「フォーブス・ビリオネア・ランキング（世界長者番付）」の発表によると、ビリオネアの総人数は、2017年の2043人から8・1％増え、2208人と過去最多となりました。

この2208人の中に、日本人は35人（2017年は33人）がランクインしました。主なビリオネアは、ソフトバンク・孫正義さんが227億ドルで39位、ファーストリテイリング（ユニクロ）の柳井正さんが195億ドルで55位、以下、キーエンスの滝崎武光さん、森トラストの森章さん、日本電産の永守重信さん、楽天の三木谷浩史さんと続きます。

日本人1位の孫さんの227億ドルを1ドル＝100円で換算すると、約2兆2700億円。

ベゾス氏の17兆円には及びませんが、それでも桁違いの資産額です。572位にランクインしたセブン＆アイ・ホールディングスの伊藤雅俊さんの資産額で3900億円（1ドル＝100円換算）です。

ため息の出る金額ですよね。

さて、ここからは途方もない話は一旦横に置いて、あらためて億万長者について考えてみましょう。

言うまでもなく、1億円でも相当に悠々自適な生活を送ることができます。

人生の残りの年数を考え、平均寿命から差し引き、あと何年「持ち時間」が残されているのか、やり残したことをやるコストはいくらなのかを、ちょっとイメージしてみてください。よく言われますが、使い残したお金を来世にはもっていけません。あまりに莫大な資産は、相続で争いの火種を残すだけです。

ちなみに、『金持ち父さん 貧乏父さん』（筑摩書房）の著者であるロバート・キヨサキ氏の「金持ち父さん」の定義は、「資産総額10億円プラス年間の不労所得が1億円」です。日本のサラリーマンが約40年間、真面目に働いてようやく2億円しかもらえないのに、10億円の資産をイメージできる人はそうそういないでしょう。

こう考えると、**現実的なラインはやはり資産1億円**だと、僕は思います。

今の日本で年収が1000万円を超えていれば、日々の支払いで困ることはないはずです。もちろん上を見ればキリがありません。

飛行機はファーストクラス、ホテルは5スターのスイートルームに泊まろうとすると、年収1000万円では不十分でしょう。人間の欲には限りがありませんから。

◇学校の1クラスに1人が億万長者!?

話が少し脱線したので、元に戻しましょう。

富裕層の定義として、他に興味深いものとして野村総合研究所の**「純金融資産1億円以上」**があります。

純金融資産、つまり総資産から不動産などを除外した、いわゆる「流動資産」から負債を引いた金額を尺度とし、それが1億円以上の世帯を「富裕層」としています。

また、2015年に国税当局が発表した富裕層の主な選考基準は次のようになります。ちょっと難しい用語が並びますが、かなり参考になります。

1　有価証券の年間配当4000万円以上
2　所有株式800万株（口）以上
3　貸金の貸付元本1億円以上

4　貸家などの不動産所得1億円以上
5　所得合計額が1億円以上
6　譲渡所得および山林所得の収入金額10億円以上
7　取得資産4億円以上
8　相続などの取得財産5億円以上
9　非上場株式の譲渡収入10億円以上、または上場株式の譲渡所得1億円以上かつ45歳以上の者
10　継続的または大口の海外取引がある者、または1～9の該当者で海外取引がある者

（日本経済新聞　２０１５年9月3日付朝刊より）

『金持ち父さん 貧乏父さん』の定義よりも、さらに現実的になった気がしませんか。

フランスの首都パリに本拠地を置くコンサルティング企業のキャップジェミニ社が毎年発表している「World Wealth Report」２０１８年版では、日本における２０１

７年の富裕層は前年比約９％増の３１６万２０００人に上っているとされています。

「３１６万人」と言われても、ピンとこない方も多いでしょう。そこでこの数字を、日本の総人口数１億２６７０万人（総務省統計局調べ。２０１７年10月１日時点）で割ってみます。

すると、３１６万人は日本の人口の約２・５％となります。これは**「日本人の約40人に１人はミリオネア」**という計算です。

つまり、**「学校の１クラスに１人が億万長者」**とイメージすると、遠い存在と思っていた億万長者が意外と身近に感じるのではないでしょうか。

先述の野村総研のデータを、さらに詳しく検証してみましょう。

純金融資産が１億円以上の世帯が１２１・70万世帯あり、日本の世帯数である５２９０・40万世帯で割ると、約２・３％となります。

どうやら、**日本の総世帯の約２％から２・５％が富裕層**であることがわかります。

・超富裕層……純金融資産　5億円以上　（7・3万世帯）
・富裕層……　同　1億円以上　5億円未満　（114・4万世帯）
・準富裕層……　同　5000万円以上　1億円未満　（314・9万世帯）
・アッパーマス層……同　3000万円以上　5000万円未満　（680・8万世帯）
・マス層……　同　3000万円未満　（4273・0万世帯）
（野村総合研究所「日本の富裕層は122万世帯、純金融資産総額は272兆円」2016年11月28日より）


「日本人の40人に1人は資産1億円」、という事実を頭に入れてください。

感覚として「学校の1クラスに1人」ですから、**何とか手が届く**ように思えてきませんか？

1億円という数字が、だいぶ身近に感じられてきたことでしょう。

1000億円とは言いませんが、「10億円くらいの資産を目指してみよう！」という軽いノリで、次のステップに進みましょう。

◇「お金持ちは不幸だ」という思い込みを外す

まず、次の質問にお答えください。

あなたは「大金をもったら不幸になる」と考えていませんか？

目を閉じて、胸に手をあて、深呼吸して、記憶をたどってみてください。

大金をもつと詐欺に遭う、騙される、女遊びに溺れて家庭が崩壊する……。子どものころに、お金に関して両親や周りの大人たちから、マイナスのイメージを植えつけられていませんか？

実は僕にも、お金に関するマイナスのイメージがありました。

34歳のとき、初めて新規株式公開を経験しました。

株価は公開初日から高値を記録し、その後もストップ高を続けたため、僕の資産はみるみる膨らんでいきました。このとき、内心「こんな多額のお金を手にしたら、病気になるんじゃないか」と、まるで根拠のない不安を感じたのです。

お金は欲しいけれど、身に余るお金をもつとバチが当たる。お金と引き換えに、大切な何かを失ってしまう、という漠然とした不安です。

あなたは、どう感じていますか？

「ない」と答えた方は、読み飛ばしていただいて結構です。

「ある」と答えた方も、安心してください。

僕のセミナーや講演会に参加された方にこの質問をすると、約4割は「大金を手にすると、不幸になるかもしれない」と答えます。

このマイナスイメージは、両親、教師、先輩、または下世話なワイドショーやテレビドラマの影響もあるでしょう。さらに、実際に見聞した下品なお金持ちに対する嫌悪、そういう下品なお金持ちが凋落《ちょうらく》していく様子を見たことが理由かもしれません。

昔でいう成金、物言いが横暴で、周りを気にしない下品なお金持ちが残念ながら今も多くいるのはご存じのとおりです。

横暴で下品なお金持ちに会うと、誰しも嫌悪感をもつものです。

これが何回も続くと、「お金持ち＝横暴＝嫌悪感＝不幸な人」という強固な方程式が無意識にすり込まれてしまいます。

こうして自分の中に「金持ちは不幸だ」というイメージができあがると、いざ自分がお金持ちへの道を進むときに、大きな障害となってしまいます。

「億万長者」を拒否するブレーキを、無意識に踏んでしまうのです。

まずこの心のブレーキの存在に気づき、速やかに解消することが必要です。

実は**億万長者にも、幸福な人と不幸な人の2種類が存在します。**

同様に上品な人と下品な人、豊かな人と貧相な人、平和な人と暴力的な人というように、2つに分かれます。この2種類の人は、まったく別の存在です。

不幸で下品で貧相な億万長者を見て、羨ましいとは誰も思いません。

でも、ご安心を！

スーパー・クリアホワイト（清廉潔白）、上品で、豊かで、そして幸せいっぱいの億万長者がたくさん存在しているのです!!

僕たちはどうしても、下品な億万長者に目がいきがちです。

なぜなら、上品な億万長者はそもそも目立つことをよしとしていないのです。僕が今まで会った割合でいうと、10人に1人くらいでしょうか。

そして下品な億万長者たちは、その素行からしてどうしても目立ってしまう、という事実を心にとめておいてください。

あなたの周りにはモデルになりそうな、スーパー・クリアホワイトな億万長者はいるでしょうか?

1人でもイメージに合致するモデルが見つかれば、その人をイメージしてください。もしいなければ、億万長者の前に修飾語として「幸せな」または「素敵な」を付けてください。

「幸せな億万長者」「素敵な億万長者」という呼び方だと、なんとも〝心がほんわか〟しませんか。これだけでも、下品でネガティブなイメージが相殺できるでしょう。

あなたの深層心理に、「幸せな億万長者」「素敵な億万長者」という新しい領域をつくりましょう! 本書を読み進めれば、スーパー・クリアホワイトな億万長者のイメージがますます固まっていくはずです。

それでは本題です。

本書の内容は、ズバリ**「素敵な億万長者の習慣」**です！

今まで何人もの素敵な億万長者仲間と出会う中で僕が発見した、**彼らが実践している独特な習慣を中心に、億万長者になるのに役立つ習慣、そして僕が意識している習慣、**この3本立てでお届けします。

僕が体験したおもしろいエピソードを交えてお話しします。彼らの習慣を知り、そしてマネしていくことで、あなた自身が「素敵な億万長者」へと変貌するきっかけになることを願ってやみません。

◇なぜ素敵な億万長者たちは、表に出てこないのか

２０１９年の１月、僕は49歳になりました。

18歳で社会に出てから、満30年。

思い返してみると、**不思議とお金持ちとの出会いが続きました。**この出会いの恵まれ具合、もう超・運命的なレベルとさえ感じています。

僕が高校を卒業して入社した会社は、今はもう消滅してしまった消費者金融最大手の「武富士」です。会長の武井保雄《やすお》氏から薫陶を受けたことを皮切りに、お金持ちに次々と会うようになりました。

中でも超弩級の億万長者との出会いは1998年8月、僕が28歳のときでした。

彼は当時、**フォーブス・ビリオネア・ランキングにおいて中国で最高位にランクされていた香港のスーパー大金持ち**です。香港資本の航空会社や高級ホテルの経営から、世界的な銀行の取締役にも名を連ねていました。

知人と一緒に、彼の息子さんの案内で1週間ほど中国を旅しました。最終日には彼がオーナーを務める九龍《クーロン》の高級ホテルで食事をごちそうしてもらい、宿泊に用意されていたのがスイートルーム。人生初のスイートルームに感激したのはもちろん、この強烈な体験は生涯忘れられないものになりました。

その後も次々と、お金持ちの方に遭遇します。

たとえば、バンコク・ドンムアン空港の喫煙所で出会った、40歳でアーリー・リタイヤして10年間ゴルフ三昧《ざんまい》の男性、汐留のコンラッド東京のエレベータで出会った航空会社の重役、タイ・サムイ島の高級リゾートで仲良くなった世界最大のホテルグループの副社長、インドネシア・バリ島の兄貴（映画『神様はバリにいる』*のモデル）、他にも、会社を売却して数百億円を手に入れた社長もいれば、株式上場で巨額の資産を手にした友人もいます。

最近では、オンラインポーカーのサイトを売却して100億円以上の資産を手に入れた日系カナダ人、年商３００億円もの一大歓楽チェーンをつくり上げた同級生がいます。

このように、僕の人生にはあり得ないほど億万長者や大金持ちが登場するのです。

しかし、彼らの多くは世間的には有名ではありません。

なぜだか、おわかりでしょうか？

それは、有名になると、羨望や嫉妬といったネガティブな影響が強くなることを知っているからです。彼らは目立たないように、ニュースにならないように、テレビで紹介されないように細心の注意を払っているため、世に出ることがほとんどありません。

そういえば、昨年も〝超どえらい級〟の億万長者に出会いました。

彼は僕より歳下でしたが、**「お金があり余っているというのは、こういう状態なのか」**ということを肌身で思い知らされるほど成功した実業家でした。

そのレベルたるや、**「自分がいくらもっているのか、すでにわからない」**級！

億万長者の紹介はさておき、なぜ僕が「億万長者の習慣」をテーマに本を書こうと思ったのかに話を戻します。

僕は、億万長者との出会いの連続の中で、彼らの**「一般人とは明らかに違う習慣」に気づいたのです。それは一種独特でマニアック、かつ徹底していました。**

そして僕の発見した「億万長者の習慣」を編集者に雑談の中で紹介したところ、「大変興味深い。その億万長者の習慣をさらに収集・整理して一冊にしたら、大変有意義なものになりますよ！」と盛り上がりました。

あの雑談から約10年。
僕は「億万長者の習慣」を少しずつ採取し続けたのです。
そして50歳を目前に、「億万長者の習慣」もようやく一冊の本にまとめられる分量に達し、こうして出版の運びを迎えました。

僕が発見した「億万長者の習慣」の全貌を、この本で初めて公開します。

厳選した習慣は32個、初めから通して読んでもらっても、自分の興味を引く項目から読み進めてもらっても結構です。
億万長者たちとのエピソードを楽しみながら、そして参考になるところはどんどん実践してください。

それでは、先ほどの超弩級の億万長者のエピソードをひとつ紹介しましょう。

ある日、六本木・ミッドタウン「ザ・パーク・レジデンシィズ・アット・ザ・リッツ・カールトン東京」の空室情報を見ていたら、その賃料の高さに驚きました。

1平方メートルおよそ1万円。つまり、**1LDK・60平方メートルの部屋だと月額60万円！**

中でも一番広い部屋は、柔道場を思わせる40畳のリビングを構えるタイプ。**2LDK・300平方メートルで月額300万円‼**

この部屋が東京の最高額に近いといっても、過言ではないでしょう。

「これはスゴイ！」と思い、超弩級・億万長者の彼にLINEで「こんなに高い部屋があるんですね！」と送信すると、「そこは、独身時代に私が住んでいた部屋ですね」という返事。

「えっ？」

予想外の答えに、一瞬思考停止に陥りました。

「住んでいた部屋⁇」

毎月の家賃が300万円。年間で3600万円。

僕の地元、福岡ならば100㎡の新築マンションが購入できる額です。もちろん、六本木でこのクラスのマンションを買うとなれば、**10億円を軽く超えます。**

この人は〝超どえらい級〟の億万長者だ！　とびっくりしたのです。

◇億万長者との人間関係が続く人　続かない人

さて、億万長者の習慣を知ることももちろん大事ですが、あなたが億万長者と知り合いになれるチャンスがあったら、それをどう活かせばいいでしょうか？

先ほどの超弩級の億万長者のエピソードを交えて、紹介したいと思います。

彼との出会いは、銀座に事務所を構える釣り好きの社長から「鮎の美味しい季節だね、食べに行こうよ！」という誘いで訪れた、新橋の鮎料理専門店でした。

初対面の印象は、爽やかな好青年。礼儀正しさと快活な笑顔。食事中は、釣りの話からビジネスまで、幅広い話題で大いに盛り上がりました。

別れ際には、お互いの仕事上の得意分野を交換して、何か一緒にできることがあればとＬＩＮＥのＩＤを交換しました。

あれから1年、ことあるごとに彼とはやりとりを継続しています。その中で、すぐに気づいたことがありました。

それはメールにしてもLINEにしてもFB（フェイスブック）にしても、返信のスピードが異様に早いのです。早いときは3秒後、という光速レスポンスです。

「ギクッ！」と感じた方、反省してください。

まず、返信のスピードを上げましょう！

1日たっても返信しないレベルでは、話になりません。

いろいろな方といろいろな場所で、知り合う機会があると思います。プライベートの出会い、ビジネスでの出会い……。

その出会いの中で、億万長者と知り合える確率はたしかに低いかもしれません。

だからこそ億万長者の習慣を真似して、**「一歩でも近づきたい！」**と思ってほしいのです。

億万長者の習慣を肌で感じ、「自分のステージを高める」意識をもちましょう。

ワンランク上の人たちは、自分より意識が高くて、人間としての成長を促してくれ

る存在であるからです。

仮にあなたが億万長者と出会えたとしても、話題が乏しくて、コミュニケーションを続けられなければ、せっかくの出会いをふいにしてしまいます。

億万長者に限らず、どんな人との出会いにおいても、意義あるものに変えるために僕が心がけていること。

それは、相手にとって**「魅力的な友達」**になることです。

ここで、「友達の定義」を考えてみたいと思います。

「知り合い」と「友達」の違いとは、いったい何でしょう?

僕が考える友達の定義は、「夜中の12時に、気軽に電話できる人」です。

「今からラーメン、食べに行かない?」「ねえ、この前話題に出た映画のタイトル何だったっけ?」「ちょっと聴いてよ、今日さー……」みたいな、そのときでなくてもいいような用件を、深夜でも気兼ねなく電話で話せるのが僕の友達の定義です。

究極は、**用がなくても会えるのが友達。**

あなたが社会人であれば、当然のように名刺交換をするでしょう。

しかし、名刺交換すれば自動的に友達になれる訳ではありません。

名刺交換の次は、ＦＢでもＬＩＮＥでもインスタグラムでも構わないので、とにかく相手と繋がることです。

硬軟いろいろな話題を交換・提供したり、リアルに飲みに出かけていったりして、浅い話から深い話まで腹を割って語り合い、笑い合い、お互いの友人を紹介し、一緒に仕事をしてみる。

季節の変わり目や記念日には贈り物を送り、美味《うま》い飯を食べたりして、付き合いがうすれていくとちょっと口論なんかもしながら、いつしか本当の友達になるわけです。

このように、友達になるにはそれなりの手間暇がかかります。

どうやったら相手と仲良くなれるのか、実践できる〝友達化プラン〟を考えてみることが大事ではないでしょうか。

そのプランを実践し、試行錯誤しながら素敵な友人関係を増やしていきましょう。

素敵な友人が増えれば、その友人を介して、さらに素敵な友人関係が広がっていきます。**そうした広がりの中に、億万長者と出会うチャンスが隠れています。**

あなたが億万長者を目指す前に、「億万長者とは、いったいどんな人なのか」を知ることはとても有意義です。億万長者の素顔に触れることで、「自分だったらこんな億万長者になりたい！」という具体的なイメージがもてるようになるからです。

そのようにして億万長者を目指しつつ、あなたの〝友達化プラン〟を実行することで、僕と同じように、**たくさんの素敵な億万長者と付き合っていきましょう！**

さあ、あなたの豊かな人生のスタートです!!

岡崎　太郎

*『フォーブス』……世界的なビジネス経済誌。毎年春に発表している世界長者番付が有名。

*『神様はバリにいる』……堤真一主演の映画で、原案はクロイワ・ショウの『出稼げば大富豪』。主人公のモデルは丸尾孝俊。

Contents

第2章 日常生活の習慣

第3章 人間関係の習慣

第4章 健康と趣味の習慣

第5章 お金の習慣

執筆協力／初鹿野剛　本文DTP／フォレスト

第1章

仕事と学びの習慣

習慣01

超速で返信する

仕事の早さをアピールし、信頼を勝ち取る

素敵な億万長者は、何事においても反応（レスポンス）が早いことに驚かされます。プロローグで取り上げた、超弩級の億万長者もそうでした。

最近、特にそれを感じるのはＬＩＮＥの返信です。ＦＢやメール、携帯電話でも同じですが、億万長者はとにかくレスポンスが早い。特に、ビジネスで大成功を収めている億万長者は、驚愕の早さです。

素敵な億万長者は、**時間がもつ価値はお金以上であることを、骨身に染みてわかっている**のです。

グズグズせずに即断することで、時間を最大限に活かしています。ＳＮＳも暇つぶ

しではなく、効率よく連絡するためのツール、情報収集のためのツールとして他の人たちの何倍も活用しています。

ひとくちに返信が早いといっても、どれくらい早いか想像がつきますか？　僕が付き合っているある億万長者（経営者）なんて、**早いときは0・1秒です！**　信じてもらえないかもしれませんが、本当です。

もちろん、いつも0・1秒ではありません。

それでも**3分以内に、8割は返信が来てしまいます。**半日経ってからの返信、なんてことは絶対にありません。「24時間、監視しているのか？」と、たまに怖くなるくらいです。最近では「もしかして、人間じゃなくてAIボット*なのか？」と疑っているほどです（笑）。

先日、取材をかねてこの億万長者と食事をしたとき、**「返信スピードが遅い人とは、たとえビジネスに発展しても何かとトラブルになる。だから、できれば仕事をしたくない」**とまで話していたのが印象的でした。

逆にいえば、**「返信のスピードが早い＝仕事が早い」**という好印象を与えることができます。さらにすぐに返信するという行為は、**「あなたを最大限尊重しています」**という気持ちの表れにもなるでしょう。

もし億万長者とやりとりすることがあったら、返信のスピードに気をつけてください。**知り合っただけではなんの価値もありません。**

初対面からはじまって、仲良くなるのに、立場の違いなど関係ありません。情報を出して拾って、お互いの意見を交換して、相互の理解を深めていくだけです。

◇相手が興味をもつ話題を1年間、提供していこう

それでは具体的に、どんなネタでコミュニケーションをとればいいのでしょう？

なにもそう難しく考えることはありません。

たとえば、読書ネタも定番の一例です。読書をネタに、コミュニケーションを組み立ててみましょう。

「最近、話題の『○○○○○』は読まれましたか？」などはベタではありますが、とっかかりとして悪くはありません。相手が乗ってきそうであれば、マンガや映画、音楽、あるいは話題のレストランやホテルなどでもいいのです。

他には、ビジネスの相談を持ちかけてみるのもいいですね。もちろん相談のレベルが大切です。箸《はし》にも棒にもかからないような低級な相談は、「何をくだらないことを聞いてくるのか」と見下されるだけですから、少しは相談のしがいのあるものでなければなりません。

具体的な仕事を依頼するのもいいでしょう。予算を作って、クライアントになるパターンです。

僕がやっているのは**情報の配信**です。

初めて会ったときに、**相手の興味や好みに繋がる話があればメモをしておきます。**

たとえば、相手がポルシェ好きだとしましょう。新車がリリースされる、限定車が発売される、展示会がある、その他スーパーカー関連の記事などをクリップしてＬＩ

NEにさりげなく送るのです。

話題のきっかけづくりですね。

「新型ポルシェが出るらしいですね。詳細リンクはこちら」

と投げかけてみたら、

「そうなんですよ」

と。

あとはどんどん、話を膨らませていけばいいのです。

他にも、iPhone、Apple Watch、ドローンやAI、VR、ARなどの最新技術が好きな人はたくさんいます。この分野が好きな人は、だいたいスティーブ・ジョブズも好きなことが多いので、ジョブズのネタがあったら送信します。

こんなふうに情報を発信すればいいのです。

問題は、どのくらい徹底してやるか。

三日にあげず、1年間くらい徹底してコミュニケーションをとってみてください。

そうすれば、お互いの関係は必ず成長します。

徹底するとなると、もちろん手間暇がかかります。だから誰も彼もにはできません。**「この人は！」と思った人とだけ、徹底して付き合う**のです。

人生に、「これぞ！」という出会いはそれほど多くはありません。その出会いだと確信したら、そのときこそ徹底すべきです。


ここをマネる！


❖レスポンスのスピードスターを目指せ！

❖「この人！」と決めた人には1年間、徹底して情報提供を続ける！

＊ボット……インターネット上で自動化されたタスクを実行するアプリケーション。Appleの「Siri」などがこれにあたる。

習慣02

驚愕の気前よさ

見返り・損得を考えない姿勢が、器の大きさを伝える

大阪の素敵な億万長者で、90年代の後半、携帯電話販売が日本一の規模を誇った会社を株式上場して成功された方の話です。

個人的にもかなり親しくさせていただいていますが、出会いのきっかけは、僕が参加していた化粧品通販の会社への投資話だったと思います。

まるで探偵ドラマに出てきそうな、隠れ家をフルリノベーションした築40年超の古いマンションへもよく遊びに行きました。

最近はシアトルに移住されたため、お目にかかれていないのですが、僕にとても大きな影響を与えてくれた億万長者のひとりです。

その億万長者から、まだお会いしてから2回目という、僕がどんな人間かさえ伝わっていない時点で開口一番、次のように言われました。

「太郎くん！　**僕の知っていることは全部君に教えてあげるからね。**ほんと、**なんでも遠慮なく聞いてくれ**」

「なんでも？」

と言われても、いきなり質問なんて思いつきもしないですよね。

正直、面くらいました。

でも、せっかくそう言ってくれているのだからと、少し考えてから、ダイレクトに**「お金の増やし方を教えてください」**と伝えました。

すると、「投資だね。わかった」と短く言うと、パッと後ろを振り返って本棚から3冊のファイルを取り出したのです。

パッパッと広げて、「これが僕の全資産だけど、大きく分けると、アメリカとロンドンとシンガポールの3つに分散して保有しているんだ」と真顔で説明をはじめるではありませんか。

「アメリカとロンドンはＩＴ系の投資を、シンガポールは先物の資源を中心にファンドを数種類組み合わせていて、その明細がこれね。四半期に1回、現地のファンドマネージャーとミーティングをして、来期の方針を決めるんだ。

ほら、これが前回のミーティングの議事録。運用実績をグラフにしたのがこっちの資料ね。投資のプロフェッショナルからのコメントはこんな感じ。さまざまな視点から、活発な意見交換をしているのがわかるよね」

と微に入り細に入り、**こともなげに披露してくれた**のです。

僕はただただ、驚くばかり。話の半分も理解できないでいると、

「太郎くん、**これで全部だけど、何か質問はあるかい？**」

と目を大きく見開いて、真正面から僕を見つめてくるのです。

◇隠し立てせず、気前よくなんでも教えてしまう

すべての資産から、その投資先と分析、これからの展望まで、1時間以上かけて本

気で説明してくれました。

なんの見返りも期待できない若者に、ここまで全公開してくれる俠気《おとこぎ》。

やはり、**本物は気前がいい。**爽やかさに感動したことを、昨日のことのように覚えています。

全部を爽やかに、オープンにできるのは、悪事を働いてお金儲けをしているのではなく、正当な手段でまっとうなお金を得ている、という自負があるからこそでしょう。自分の投資のすべてを開陳できる自信に、裏打ちされているのです。

自分のノウハウを教えてしまったら、自分が損をしてしまう。だから簡単には教えたくないという、小さな器の人間ではできません。

「僕が教えたことを学べば、君も同じようにお金を増やすことができるんだよ」と、**フルオープンで教えることのできる〝大きな器〟をもっている人こそが、やはり本物なんだなぁと思うのです。**

実はこのときの経験が、「包み隠さずなんでも教えるコンサルタント」という僕のスタイルの構築に繋がっています。

くだいて言えば、**「気前よくなんでも教えちゃえ」**スタイルです。

僕の考える本物のコンサルタントの条件のひとつです。

ここをマネる！

❖小さな損得にこだわらず、誰もがびっくりするほどの気前のよさをもつ！

❖自分のすべてをさらけだし、人に教えられる気前のよさ・器の大きさを目指せ！

習慣 03

凡事を〝超〟徹底する

信じられないレベルまでやりきると、景色が変わる

「凡事《ぼんじ》徹底《てってい》」という言葉があります。

この言葉は松下幸之助さんが愛用していたといわれていますが、カー用品販売チェーンとして有名な、株式会社イエローハット創始者の鍵山秀三郎《かぎやまひでさぶろう》さんが好んでよく使われている言葉です。

鍵山さんは徹底した「トイレ掃除の祖」としても有名ですから、みなさんも一度はお名前を耳にしたことがあるでしょう。ハウステンボスを創設した神近義邦《かみちかよしくに》さんも、2プライススーツの元祖「ザ・スーパースーツストア」を展開している株式会社オンリーの中西浩一《なかにしこういち》会長も、鍵山さんを尊敬する凡事徹底の信者です。

今なら、違和感なくその言葉を受け入れることができますが、35歳だった当時の僕

は、ある社長が事あるごとに「売上げが下がっても凡事徹底、何はなくても凡事徹底！」と連呼するのに反発していました。

「何が凡事徹底だ！　凡事をやるだけで売上げが上がるなら、誰でも上がっとるわい！」と。


今思えば、「凡事徹底」アレルギーといえる時期だったのでしょう。もちろん、当時、薦められた鍵山さんの本を読んで、僕もトイレ掃除は実践していました。

それでも、鍵山さんの凡事徹底という言葉の「本当の意味」が僕にはさっぱりわかりません。心が反発しながらやってもダメなんですね。やはり学ぶときは、謙虚で素直な気持ちでないと学べません。


ところがつい先日、ようやくわかったのです。ようやくです（汗）。

それは松下電器（現・パナソニック）に入社し、松下政経塾の理事・塾頭などを長年務めてこられた、上甲晃《じょうこうあきら》先生のセミナーテープを拝聴したからです。

全身に鳥肌が立って、まっすぐにストンと腑に落ちたのです。

それは、**「凡事〝超〟徹底」**という言葉でした。

あれほど嫌いだった**「凡事徹底」の真ん中に「超」があるのがポイント**です。

上甲先生は普通の「凡事徹底」じゃまだ不十分でダメ、**凡事を〝超〟徹底してこそ、初めて意味をもつ**とおっしゃるのです。それまで、誰から話を聞いても「何が凡事だよ。教科書的な話はいいいんだよ」と、僕の心には響かなかったのに、です。

実はこの「凡事〝超〟徹底」、僕が35歳のときにオンリーの中西浩一会長から身をもって教えてもらっていました。

◇宿泊したあとの部屋が、手を合わせたくなるほどきれいに!

ある日、中西会長と同じホテルに泊まる機会がありました。部屋はそれぞれシングルで、ひとつ隣が会長の部屋でした。翌朝、内線電話が鳴って、受話器をとると会長からです。

「太郎くんおはよう! どうでっか? もう出られますか?」と言うので、急いで部屋を出ると、ドアの前に会長が立って待っていました。

すると、会長が「ちょっと、ええか」と言うなり、僕の部屋に入ってきました。

凡事徹底していない当時の僕ですから、もう部屋の中はぐっちゃぐちゃです。

見られてはいけないモノを見られた気分に、恥ずかしさも加わって、「なんですか？」と少し怒り口調になって聞くと、「あかん。岡崎くんはまだこのレベルか！」

続けて、「わての見てみるか？」と、僕を連れて会長の泊まった部屋へ案内します。

すると、**使った痕跡《こんせき》がゼロ・レベルのきれいさ**なのです。

「えっ!?　これはいったい？　……使ってないみたい」と驚いて言うと、「なっ、全然違うやろ」と、会長がニヤリと笑うのです。


会長が僕に教えてくれたのが、次の言葉でした。

「岡崎くんの部屋は、『金払って泊まっているんだから、使いっぱなしで何が悪い！』と言っているみたいな散らかり方やな。**君はこの部屋を片づける人のことなんて、これっぽっちも考えてない。**じゃあ反対に掃除する人たちは、この散らかった部屋を見てどう思うかな？『こんなに散らかして、ほんと親の顔が見たい！』って思うわな。**泊まった人のレベルがバレますな。**

ところで、わての部屋の掃除に入った人はなんて思うか。『うわ！　何？　めちゃきれい。**この人は徹底してるわ。**なんか、すごい、ちょと手を合わせとこうか』ってなるわな。どうや？　要は**人が見てないところも、ちゃんとできてるかどうか**ってことなんや」

この話を聞き、自分の後片づけをする人のことなど、まったく意識になかったことを強く反省しました。それ以来、ホテルをチェックアウトするときは、できるだけきれいにするようになったのです。それでもまだまだ、僕のやっていたレベルは凡事徹底以下だったわけですが……。

ところが上甲晃先生のお話で、このホテルの掃除と凡事〝超〟徹底とがバチンとシンクロしました。

やるなら、超徹底してやりきる。**もうアンビリーバボーなレベルまでやりきる。**

上甲晃先生の凡事〝超〟徹底は、相手をいい意味で「驚かしてやろうぜ！」という感覚です。

掃除の人たちが、超びっくりするレベルの掃除！

「きれいに使ってくれたね」という、徹底している程度じゃとてもダメなのです。**「使う前よりも、きれいになっているじゃない!?」**と驚きの感想をもたれるくらいのレベルでやるのです。

超徹底することで、相手をいい意味で驚かそう。

こんなふうに考えて行動すると、毎日が楽しくなります。


たとえば、ホテルをチェックアウトするとき、「よし、徹底的にやるぞ！」「よし、掃除の人たちを驚かしてやろう！」と思いながら掃除をするわけです。

禅の教えに、**「一掃除二信心」**という言葉があるそうですが、信仰よりも掃除が先に来るほど大切であることがわかります。**掃除を徹底することで、心も磨かれていく**のでしょう。

そして凡事〝超〟徹底は、ホテルの掃除以外のすべてに当てはまります。

会社の朝礼、上司への報告、電話の受け方、事務所の掃除、毎日の挨拶、お客様にコーヒーを出す……、あらゆることを、「ここまでやるか！」と完全に振り切って超徹底していきます。

これぞ凡事〝超〟徹底の真髄です。

たとえば、新入社員に「この栄養成分について調べてくれる？」とお願いしたとしま す。その調べ方で、「この新人は、徹底する人か？ それとも徹底しない人か？」がある程度見分けられるものです。

おそらくほとんどの人は、ネットで「栄養成分名」を検索し、検索結果の上位3～4ページくらいまでを見て、使えそうな部分を抜き出して報告してくるでしょう。

しかし、このやり方、このレベルで、本当に徹底しているといえるでしょうか？

ネット検索で事足りるなら、わざわざ人に頼む必要はありません。

せっかく仕事を頼まれたのだから、「上司が目を見張るようなレベルの報告をしてやる！」という意気込みで、超徹底して調べてほしいのです。

大した仕事ではないと思っても、一切手を抜かない。そんな姿勢を続けていけば、地力がつくことに加えて、会社内での評判も必ずついてくるはずです。その継続が、ひいては、ビッグプロジェクトのリーダーに選ばれたり、出世のチャンスとなって自分に返ってきたりするのです。

「この程度でいいよね」レベルでは人を驚かすことも、成長もできません。徹底する習慣のある人、ない人。ここに、大きな違いが生まれます。

凡事〝超〟徹底を、自らに課しましょう。

あなたの人生で、必ず「何か」が変わります。

ここをマネる！

❖どんなことでも、相手が驚くレベルまで徹底してやってみる

❖「一掃除二信心」、手を抜かずにまず掃除からはじめる！

習慣04

徹底的にメモする

手書きのメモから、新しい「気づき」が次々に生まれる

レオナルド・ダ・ヴィンチの手稿を見て、驚きました。

天才の彼が約40年間にわたり、自ら書き綴ったノートです。中身は、数学、幾何学、解剖学、天文学、植物学、動物学、建築に土木、人体解剖、そして軍事技術と多岐にわたっていました。

詳細なデッサンと説明の文章を、なんと1万5000ページも書いていたと言われていますが、現存するのは5000ページのみです。

たとえば「鳥の飛翔に関する手稿」には、その翼の形状、風や空気の流れる様子を詳細に観察した内容が、空気抵抗についての考察とともに記されています。

今から約５００年も昔、西暦１５００年ごろに描かれたものであることに驚きを隠せません。興味がある方はネットで調べてみてください。書籍としても、かなりの量が発表されています。

ダ・ヴィンチと同じように、**億万長者の「メモ魔、記録魔っぷり」も半端ではありません。**

しかも、最新のタブレットやスマートフォンといったデジタル・ツールを使うのではなく、**手帳やノートに手書きというアナログ派**が多いようです。

打ち合わせの際には、スケッチブックにサインペンで大きく図を書きながら説明する、という方も見かけます。スケッチブックだと、広大なスペースに自由に描けることが、発想にとてもプラスに働くそうです。

かくいう僕も、「モチベーションシート」という、手書きベースの夢実現手帳を主宰しているので、手書きメモの効用は熟知しています。

手書きメモは、「アイデアをメモしておかないと、絶対に忘れてしまう！」という記憶力のなさをカバーする技として非常に有効です。「逃した魚は大物だった……」というような、大事なアイデアを忘れた苦い経験は誰にでもあるでしょう。

僕も「なぜだ！　どうして思い出せないんだ！　きっと100億円のアイデアだったはずなのに！」なんて、大袈裟ですがそんな悔しい思いを何度もしてきました。

それを避けるために、手書きで要点だけをサッとメモして記録する習慣を身につけておきましょう。大金を生みだすアイデアを、もう忘れることはありません。

前提にあるのは、**「僕のアイデアは、きっと100億円になるかも」という、その可能性を真剣に信じていること**です。

毎日、毎時間、朝起きてから寝るまで、いや夢の中でも、トイレの中でも、お風呂に入っているときも、ビジネスのネタを、新しい書籍のタイトルを、新しい広告のアイデアを、流行りそうな化粧品のアイデアを、商品のネーミングを、ブランドのロゴマークを、会社の組織図を、来年の社員旅行の行き先を、と次々と脈絡なく、休まずにあれこれと考えているのです。

このように、**次から次に考えているから、次から次に忘れてしまう**（笑）のです。

だからこそメモに残していかなければ、何が何だか、本当にわからなくなってしまいます。メモに残さないと、「濡れ手で粟《あわ》」ならぬ、「骨折り損のくたびれもうけ」になってしまいかねません。

僕が実践している情報整理術は、**ノートや紙に書いた「手書きのメモ」をスマホのカメラで撮影して、そのデータをパソコンに取り込み、テーマごと、またはクライアントやプロジェクトごとのフォルダーに振り分けて保管する方法**です。

調べてみたら、僕が取締役として関わっている、モバイル向けのアパレルECサイト事業を主に手がける株式会社dazzy（デイジー）の仕事で撮影した手書きのメモは、1600枚を超えていました！

手書きメモに加え、ファッション関係なので、モデルの写真やデザインのサンプル、マーケティングのアイデアなど多岐にわたっています。

そのデイジー関連のメモの中から、内容を一部紹介してみます。

「1年後の自分へメールで指示できるアプリ」というアイデアの走り書き、「カートに入れたまま注文が完了になっていない人へ、プッシュ通知をしよう」といった具体的な指示、「どうして、この人は買わないのだろう？」といった素朴な疑問までさまざまです。

◇実際に「測る」「書く」ことでしかわからないこと

「ザ・リッツ・カールトン京都」の部屋を丸ごと採寸したメモもありました。丸テーブルの大きさや高さ、通路の幅、床の素材、お風呂へ続くスライドドア、壁掛けテレビが床からどのくらいの高さに設置してあるかまで、細かく書いています。長さを測って、ホテルのレターセットに書き写す時間はだいたい15分くらい。

まず部屋全体の広さやカタチを把握して、大きな家具から配置し、そのあと細かい仕様を書き込んでいきます。慣れるとそれほど難しい作業ではありません。

次ページのメモは、ロンドン・ハイド・パークのすぐ脇にある「コモ・メトロポリタン」というコンテンポラリーなホテルのソファの採寸メモです。縮尺は適当ですので、確認用に細部は撮影しておくのです。

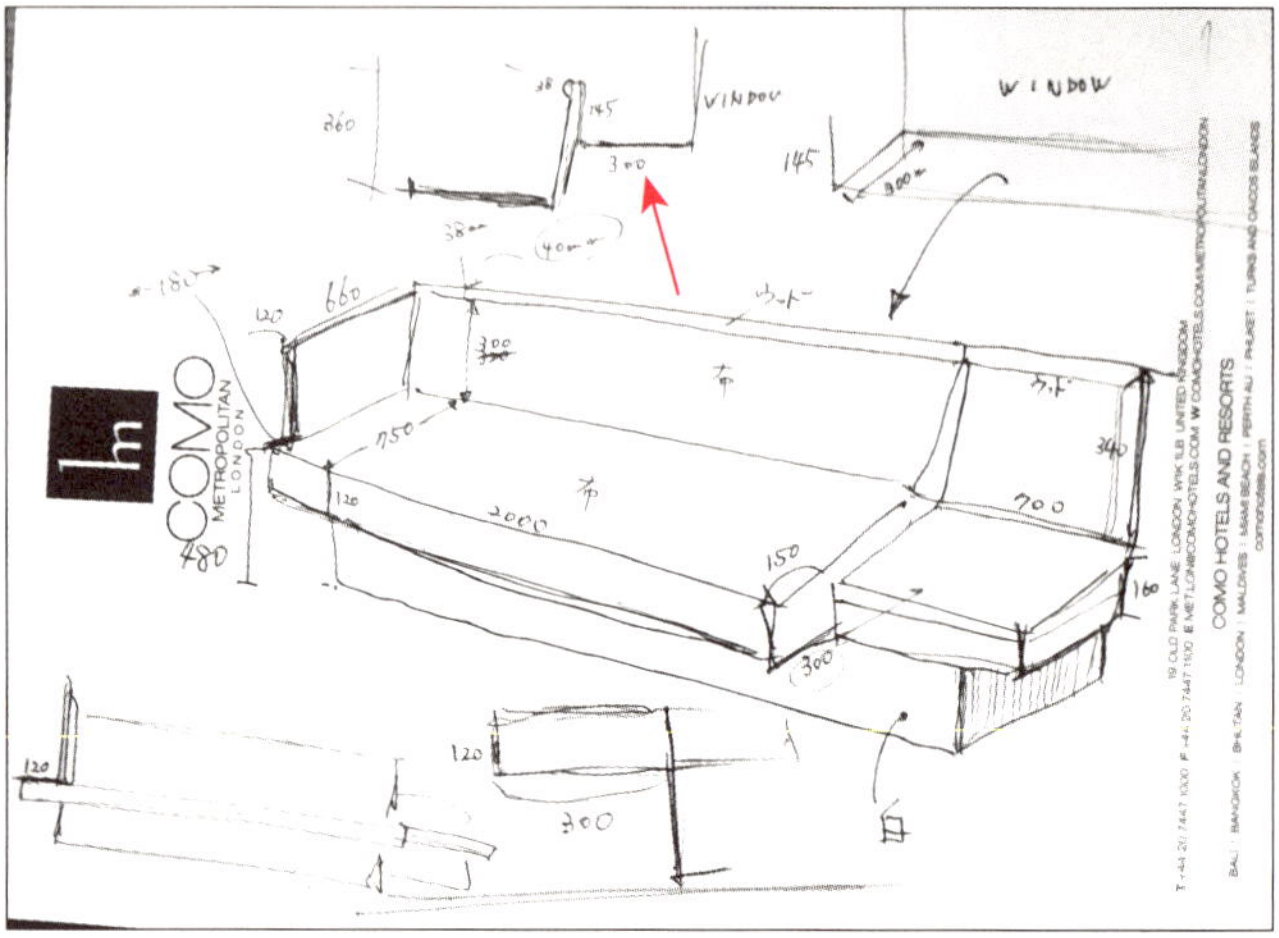

みなさんも、宿泊先のホテルのソファが「とても座り心地がいい!」という経験をしたことがあると思います。

僕はそこからもう一歩踏み込んで、他のホテルのソファと、**「何が違うのか? 座面までの高さなのか、深さなのか? それともクッションの厚みなのか?」を実測して、検討する**のです。

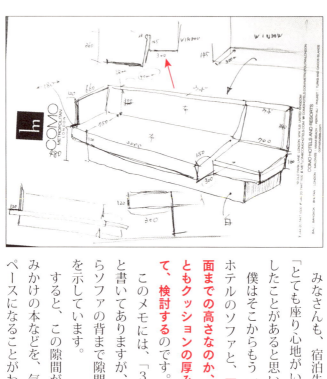

このメモには、「300」(矢印の箇所)と書いてありますが、これはホテルの窓からソファの背まで隙間が30センチあることを示しています。

すると、この隙間がコーヒーカップや読みかけの本などを、気楽に置けてしまうスペースになることがわかります。実測することで、たった30センチでお客様の利便性が実現できる、という事実に簡単に気がつけるのです。

そういうわけで、僕のカバンには、いつもコンパクトな巻き尺が入っています。巻き尺ひとつあればいいのですから、お金のかからない趣味です（笑）。

実はこのホテルの寸法を測るアイデアの源泉は、インテリアデザイナーの浦一也さんの著書『旅はゲストルーム』（光文社・知恵の森文庫）からいただきました。

測ってみてわかったのは、**測ることで普段気づかなかった部分に目がいく**ようになることです。

たとえば、「あっ、ここに少しだけ角度がついている」「なるほど、天井はこうなっているのか」という気づき、引き出しの幅や深さが使う側のことをきちんと考えて作られている家具から、設計者の意図が感じられるようになります。

対象と対峙して丁寧に見る癖がついてくると、「見る力」がより的確に、先鋭的になります。

そして、**メモをとることで「見る力」は格段に向上します。**

この習慣は、仕事に対しても効果を発揮します。書くことで確認できるとともに、疑問点や見えていなかった部分にも、細かく鋭く、目配りできるようになるからです。「見る力」が確実についてくると、**仕事全体を見通す力が高まり、その仕事のポイントはどこか、そのために必要な資材や人材の確保まで、目を配ることができるようになります。**

デジタルにはデジタルの、そしてアナログにはアナログの良さが必ずあります。それをどう使い分けるか、あるいは融合させるか、そこであなたの力量が問われるのです。

ここをマネる！

❖実際に手を動かして、書く・測る・撮影することで新しい気づきが得られる
❖メモ取りによって、対象を「見る力」が格段に上がる

習慣05

アナログ感覚が鋭い

整理整頓のうまさは、仕事の見極めに通じる

億万長者と仕事をしていていつも感心するのは、**整理整頓されたファイル群**です。

そのファイル群は、こんな感じです。

現在進行中のプロジェクト用のファイルと、終了したプロジェクトのファイル。ファイルを広げると、1ページ目は、プロジェクトの概要としてタイトル、期間や参加者、そして予算と収支が簡潔に記されています。

そして企画書や、図面や現場の写真、見積書や精算書、数年経過した後に開いてもすぐに理解できる工夫が施されています。

そしてそのファイルは、わかりやすく年代別に管理されています。背にはタイトル

が同じレイアウトとフォントできれいに印刷され、しかるべき棚に鎮座しています。

ですから、**見たいファイルがどこにあるのか、一目瞭然**です。

デジタルデータであれば、検索一発で簡単に管理できそうですが、これがなかなか簡単ではありません。企画書にはじまり、手書きのメモや参考資料、膨大な写真、そして予算計画や見積書……。

さまざまな資料をスマートに整理するには、**実はアナログ感覚が大切**なのです。アナログ感覚がないと、いくら便利なデジタルデータが揃っていても宝の持ち腐れになる危険性があります。

「どうすれば、もっと簡単に膨大な資料を整理できるのか」——そのための工夫を自分の頭で考えるからこそ、デジタル機器に振り回されず、使いこなすことができるのです。

必要な資料を探すムダな時間を省くことができれば、**集中すべき仕事に時間を十分に充てる**こともできます。

僕の場合、エバーノートを活用してさまざまなデータを収集・整理していますが、欲しいときに限って、いくら検索ワードを変えても探せないことがあります。「ひょっとして、パソコンを移行したときにデータが消えたのか？」と心配することも。

何しろ目に見えないデータなので、検索のインデックスが壊れると復元できなくなります。クラウドだからといっても１００％安全ではないので、手元でバックアップしておくことは必須といえるでしょう。

◇整理整頓がうまい人は、仕事の見極めも上手

ある億万長者は、オーダーメイドで**専用の収納ストレージ**を作らせるほど、整理整頓に力を入れています。

この収納ストレージの一番上の引き出しは、愛車の鍵がピッタリと収まるよう、その鍵のカタチに彫り込むほどの念の入れようです。他にも、ケーブル類を収納するための引き出しなど、さまざまな小技の効いたアイデアが組み込まれています。

彼の几帳面な性格ゆえだと思いますが、資料にしても小物にしても、机の上から部屋の中、そしてビジネスバッグの中に一眼レフカメラ用のインナーをバッグインバッグにして収納するなど、財布はもちろん名刺入れに至るまで、整理が徹底されています。こんな人をお手本にしつつ、自分なりの整理ルールを確立したいものですね。

引き出しの中がとにかくグチャグチャ、財布がパンパンという人は、「断捨離」よろしく捨てるところから始めてみましょう。そして、自分なりの整理整頓のアイデアを考えてみるといいと思います。

身の回りの整理整頓ができる人は、仕事の整理整頓もできる人です。

限られた時間の中で、捨てていい仕事（それほど重要でない仕事）を瞬時に見分けることができるのです。

ここをマネる！

❖アナログで整理する力をつけてはじめて、デジタルツールも活用できる

❖身の回りの整理整頓のうまさは、仕事を見極める力にも通じる

習慣06

好奇心が衰えない

「ワクワク」を求めることで、行動力が身につく

年齢を重ねても、学び続ける姿勢をもち続ける人と、そうでない人に分かれます。
素敵な億万長者は、**謙虚に学ぶスタンスが半端ではありません。**

億万長者のある経営者は50歳を目前に、今までの仕事をすべて整理して「人生最後の仕事」にふさわしい仕事を探しはじめました。1年間、さまざまな業界をリサーチしたあと、それまでとは畑違いの健康食品業界に的を絞ったのです。

また、ある億万長者は「50歳から再び勉強だ！」という目標を掲げ、国内のセミナーを200種類以上受け、最新のウェブマーケティング、資産形成、経営手法を学ぶべく、サンフランシスコに留学してしまいました。

向学心のない人は成長のスピードが極めて遅く、社会から取り残されていきます。

たとえば、まだ50歳なのに、「LINEの使い方がわからないからやらない」という人は、自分で自分を無能だと宣言しているようなものです。挙げ句に、ウイルスでパソコンの情報が乗っ取られるから、パスワードが流出すると困るから、ブログが炎上してしまうから、などと言い訳のオンパレード。

自分では一度もやりもせずに、ワケ知り顔で怖い怖いと言う。

これらの**言い訳はすべて、「行動したくない」自分を正当化するためのもの**です。

本人は的外れな言い訳であることに、まったく気がついていません。しかも屁理屈で相手を言い負かそうとするので、誰も間違いの指摘さえしてくれません。

こんな人間とは、関わるだけ時間のムダというもの。40歳そこそこのサラリーマンがこんなふうだったら、手に負えないでしょう。

人は誰しも、「自分が正しい」と思っています。しかし、それも程度の問題です。

ソクラテスの「無知の知」を持ち出すまでもなく、人間は **〝実は自分は、何も知らないのだ〟と謙虚にならない限り、学ぶことはできない**のです。

◇受け身はやめて、自分から新しい刺激を求めていく

学びのモチベーションと推進力は好奇心にあります。

億万長者は、好奇心旺盛な人ばかりです。

ある素敵な億万長者に宇宙旅行の話をしたところ、トントン拍子に飛行機をチャーターして無重力体験の予約をあっという間にすませてしまいました。そのプライスが高額にもかかわらず、友人数名に連絡をとると、その電話で全員が参加すると即答したというから驚きました。

その場でやる・やらない、を判断する。**とにかくジャッジが早い。**「情報がすべて揃うまで……」なんて待っていません。やる方向に決めて、やる方向で動いていく。

この行動力とスピード、ぜひ見習いたいですね。

「行きたい場所がない」「欲しいものがない」「最近ワクワクしないんだよ」などと発言する人がいますが、その言葉にいったいなんの意味があるのでしょう。

自動的にワクワクできない年頃なのであれば、**積極的に〝刺激〟を求め、人に会うなり、情報を探すなり、自ら意識して動けばいいだけです。**

何をするにしても、最初の一歩は辛いもの。新しい環境、新しい人間関係、新しいルール。慣れるまでには時間も少し必要でしょうし、ストレスもあるでしょう。

それでも現場に足を運んで、実際に体験する。身体を動かす。何度かトライして慣れてくると、ようやく楽しみがわかる。そういうものなのです。

新しい体験の〝ワクワク感〟は、誰しも経験済みでしょう。若いころの体験は、ほとんどが初めての体験だったわけですから。要は臆せずに、**「やってみなはれ！」**の精神です。一度触った程度で、すぐにやめるようでは楽しみには到達できません。そこそこできるレベルまでは、我慢して継続させましょう。楽しみはその先です。

ここをマネる！

❖新しい人、体験との出会いを、自ら求めて動こう！

❖グズグズ迷わず、やる方向に決めて、やる方向で動く！

習慣07

“読破する”勢いで本を読む

「何を・どこまで・何冊読んでいるか」で人は判断される

読書はいつの時代も、知性を育む大切な手段です。

書籍ほど効率よく、幅広い知性に訴えるものはありません。月に最低でも10冊、できれば20冊は読みたいものです。

僕はできるだけ書店に足を運び、「お！」と思った本は、どんどん買って、積んでおきます。この買い置きが多読のもとです。たくさんの本を読むコツは、**その日の気分が上がる本を選ぶ**ことです。買い置きの中から気分が上がる本を選ぶには、最低でも50冊以上の買い置きは必要だと思います。

しかしこれは、紙の本しかなかった時代のこと。電子書籍のラインナップが潤沢になった最近では、この買い置きの習慣は若い世代の人にはなじみがないかもしれません。僕は個人的に紙の本が大好きなので、まだまだ買い置きを続けています。

さて、今まで知り合った億万長者とは、LINEやFBのメッセンジャーでやりとりをしていますが、中でも役に立つ本の情報、話題の本の感想などはとても有益です。

「この本読まれました？」

「もちろん読みましたよ！」

「太郎さん！　この本を読んだのなら、こっちの本はどうですか？」

「あ、それは先週読みました！」

「さすがですね」

こういうやりとりが、普通にできます。

同じ本を同じようにおもしろいと思えるのは、お互いの感覚が近い証拠です。やりとりを重ねるうちに、相手の読書傾向や好きなジャンルがわかり、自然と仲良くなっていくものです。たとえば、相手の好みが必読のベストセラーなのか、話題の映画の原作本なのか、戦国時代の勇猛な武将物なのか、最新のビジネス書なのか、不動産投資といったマネー系なのかで、それを糸口にして相手へのアプローチを工夫できます。

具体的には、「こんな新刊出ていましたよ」「古典だと、こんな本がありますね」などと、相手に役立つ情報を投げかけられます。

これは何も本に限らず、マンガや映画、音楽やレストラン、ホテルでも応用が利きます。**ポイントは共感**です。

◇「この本は読まれました？」「はい、読みました」が合い言葉

億万長者との、こうしたコミュニケーションの中で気づいたのは**「読破」というキーワード**です。

たとえば、司馬遼太郎。『竜馬がゆく』くらいから読みはじめて、『国盗り物語』『坂の上の雲』『梟《ふくろう》の城』『翔ぶが如く』と長編を次々と読んでいくのです。

彼の著作は70とも100とも言われていますから、著作をすべて読み切るとなると、1年以上はかかるでしょう。

池波正太郎なら定番の『鬼平犯科帳』から読みはじめて、『剣客商売』『仕掛人・藤

枝梅安』『真田太平記』と読み進めていくといいでしょう。彼の作品も長編時代物だけで約70作品はありますから、たっぷり楽しめます。

また、日々の生活を綴った『銀座日記』を読めば、執筆から趣味の映画鑑賞、グルメな世界観などをたっぷり楽しめます。

北方謙三であれば『楊家将』を読み、『血涙　新楊家将』そして『三国志（全13巻）』『水滸伝（全19巻）』『楊令伝（全15巻）』から『岳飛伝（全17巻）』までの長編中国歴史物を次々に読んでいくのです。

彼の場合、ハードボイルドだけで95冊、それ以外の小説やエッセイを含むと軽く200冊を超えますから、次から次へと北方作品を楽しめます。

このクラスの作家になると、読破といっても簡単なことではありません。でも、あえてそういう読み方をします。**「読破する」という意識をもつ読み方です。**

読破というキーワードが胸に刻まれたら、次は**「テーマの読破」**です。

たとえば、「フィンテック（ファイナンスとテクノロジーを組み合わせた造語）」についてて知りたいなら、たとえばアマゾンで「フィンテック」で検索をかけて、気になった本は全部読むという、大人買い的な読書をしましょう。実際に検索してみると、300件以上ヒットします（2019年1月時点）。

さすがに300冊以上すべて買うのは現実的ではありませんので、まずは入門的な本を2冊、あとは刊行日の新しい本や評価の高いもの、タイトルと表紙のイメージでピンときたものからチョイスして、10冊ほど選んでみましょう。

あるいは、品揃えが豊富な書店で、関係する棚を見て10冊ほど選びます。

本を手に入れたら、片っ端から読んで、膨大な知識量を一気にインストールします。

「この本は読まれましたか？」

と、億万長者に尋ねて、

「はい、読みました」

と返ってくれば、

「では、この本は読まれましたか？」

と、先ほどよりもレベルの高い本を提示します。

「もちろん！」

という答えが返ってきたら、彼はフィンテック関連の情報はかなり勉強していることとがわかります。つまり、初心者レベルの話は省略しても大丈夫、と判断できます。

「この本は読んでいます」の一言で、お互いのレベルが確認できるわけです。

スティーブン・R・コヴィーの『7つの習慣』やピーター・ドラッカーの本を例にすれば、

「『7つの習慣』は読まれましたか?」

「はい、読んでいます」

「ところで何回、読まれました?」

「大好きなので、18回読みました」

「それはなかなかですね!」

こんな会話になれば、それ以上話さなくても相手の価値観を把握できます。

◇自分の印象は、「自分が読んだ本」から相手に伝わる

せっかく読書をしても、「読んでいますよ!」と他人に伝えずに終わるのはモッタイナイことです。自分が読んだ本について誰かに発信することは、セルフプロデュー

スにも応用できます。

逆に、「僕は本が苦手で、読書は嫌いなんです」と言うのは、自分で「私はバカです」と宣言するのと同じこと。

就職面接で「読書はしますか?」との質問に、「本はまったく読まないですね」と答えるのがクールだと思っているような人は、僕なら採用しません。

「まったく読まない」と答える人はほとんどいないでしょうが、「読むのが遅いので、月に1冊くらいでしょうか」と答える人が本当に多くてビックリします。

「自分が相手から、どう見られているのか? どう見られたいのか?」きちんと考え、シミュレーションすべきでしょう。

僕はたくさん読書する人を、単純に尊敬します。そして、わかりやすくおもしろく解説してくれる人が大好きです。

最近はグーグル検索、ウィキペディアがあれば十分、読書で知識を蓄える必要はない、読書は時間のムダと考える人もいるようです。

しかし、僕はこの考え方には賛成できません。文脈を読みとる力や、さまざまな情報の中から正しい情報と疑わしい情報を峻別する力は、それなりの読書量によって育まれるものだと思うからです。テレビでは語られないこと、ネットではびこるフェイクニュースや情報操作など、表の情報だけに反応しているようでは、あまりにも無邪気すぎます。

いずれにせよ、**読書量が半端ない人には、それだけで尊敬が集まるもの。**

読書の習慣を磨き、**情報を発信する側の人間**になってください。

余談になりますが、何冊もまとめて読書するには電子書籍リーダーが最適です。なんといっても驚きの軽さ！　お風呂で使える防水機能と操作性の良さ（ページめくりのボタンがある）を兼ね備えた優れものも発売されています。出張や海外旅行には、最強のお供となるでしょう。

ここをマネる！

❖著者、テーマの2つの方向から「読破する」意識で読書する！

❖「読んでいる本」で、あなた自身、あなたの価値観が判断される！

習慣08

シミュレーションの達人

不測の事態にも、即座に対応できる柔軟性がある

タイのプーケット島に、「アマンプリ」という伝説のホテルがあります。オープン当時、他の高級ホテルの3倍以上の宿泊料金を設定していたにもかかわらず、世界中のセレブリティを魅了したアマンリゾーツ＊の最初のホテルです。

僕にアマンリゾーツを教えてくれた素敵な億万長者は、まさに〝アマンジャンキー〟で、世界に33ある施設のうちすでに28のアマンを訪れていました。行っていない場所があと5つ、というほどの中毒っぷりです。

そんな話を何度も聞かされているうちに僕も行きたくなってしまい、２０１２年９月にスリランカにあるアマンガラとアマンウェラに、それからフィリピンのパマリカ

ン島自体がまるまるリゾートのアマンプロ、そしてプーケットにあるアマン第1号の「アマンプリ」に出かけました。

国内では都市型リゾートとして初の「アマン東京」や伊勢志摩国立公園内にある「アマネム」の2施設がオープンしています。もちろん、この2つのアマンはすぐに宿泊してきました。

最高峰のリゾートであるかどうかは、ネットや写真だけではどうにもわからないもの。実際に泊まってみてはじめて、接客サービスのクオリティ、計算されつくした部屋の配置から調度品、そしてアマン創始者のエイドリアン・ゼッカの思想などを肌感覚としてつかめるのです。

「経験してはじめて、わかる世界がある」とはこのこと。この最高の経験により、自分の中の「最高」の基準がグレードアップされます。経験しなければ、その基準が更新されることはありません。**経験こそが、自分の定規の目盛りを変えてくれるのです。**

さて、**億万長者と一緒に旅行をしていると、彼らの頭の中には、「世界地図がインプットされている！」とびっくりさせられることがあります。**

グーグルマップのアプリを指で動かしながら「スロベニアの港町ピランがここだから、ほんとベネチアまですぐだよね」という会話がスラスラ出てくるのです。ローマとミラノ、ベネチアとモデナ、そしてシチリアの場所を瞬時に指し示してしまう。同様に、ニースとカンヌ、アンティーブといった南仏やモナコについても完璧です。

「よし！　ベニスにいこう！」となれば、「前日が福岡滞在だから、まず仁川《インチョン》（韓国の空港）に飛んで、そこからルフトハンザに乗ってミュンヘン経由でマルコポーロ（ベネチアの空港名）だね！」と、経路をあっという間にプランに落とし込むのです。

実際には行ったことがない場所でも、旅程をスラスラ答えてしまうのだから驚きです。「どうして？」とストレートに聞いてみると、「行ったことがなくても、**いつも自分でプランを立てているから、頭の中に入っている**んだ」との返答。

なるほど、**日々のシミュレーション訓練の賜物**なのかと納得しました。

◇ 行ったことがない土地へのあこがれが、仕事の原動力に

旅行好きの人でもあまり足を運ばないような、「知る人ぞ知るリゾート」をよく

知っているのが素敵な億万長者です。

ちなみに僕が行きたいと思っているのは、フランスの「ディナール」です。湾上に浮かぶ修道院で有名なモン・サン＝ミッシェルから西へ50キロほどに位置しており、かつて英国ブルジョワ階級の保養地だった土地です。

ディナールに興味をもったのは、ピカソの影響です。妻子あるピカソは40歳くらいのときに、なんと15歳の娘に恋をしました。パリで会ったその15歳の娘と離れたくないピカソは、奥さんと子どもとでディナールの海を訪れたときも、その娘と女友達を、隣の海岸に呼び寄せました。ピカソは頃合いをみて、家族には「用事がある」と嘘をつき、娘と逢引きを重ねた舞台がまさにこのディナールだったのです。

他にもフランス南西部はバスク地方にある「ビアリッツ」やオーストラリア・シドニーにある「ボンダイビーチ」など、**「今度はどこに行こう？」というわくわくするシミュレーションは、まさに仕事の原動力にもなります。**

最適かつ快適な旅行プランを考えるのと同じように、**仕事についても最適な手法や効率を絶えずシミュレーションしておくことで、突発的な案件が入ってきても動揺す**

ることなく、臨機応変に対応できるようになります。
行動の源泉は欲求（情報）なのです。

「欲望は人間の生きる言葉だ。抑える必要はない」と言ったのは、松下電器（現・パナソニック）の創業者である松下幸之助翁です。

旅行好きの億万著者は、仕事のうえでもシミュレーションの達人なのです。いつもアンテナ全開で情報を集めつつ、シミュレーションを楽しみましょう。

ここをマネる！

❖ **自分の「最高」の目盛りがぐっと上がるような、上質な経験をする**
❖ **旅行も仕事も、日々のシミュレーションの鍛錬によって柔軟な対応ができる**

*アマンリゾーツ……東南アジアを中心に、欧米など21カ国33の小規模で贅を尽くしたリゾートを展開するホテルチェーン。アマンは「平和、宿、無事」などを意味する。

第2章

日常生活の習慣

習慣
09

早朝の1時間を大切にする

朝のルーティンが、快適な日々を保証する

一時期、早朝ミーティングや早朝読書会など、**「朝活」**という言葉が流行しました。人間は、年をとると早起きになります。一般的に、年をとればとるほど、どんどん起きる時間が早くなるようです。

さて、年齢も影響するとはいえ、**億万長者のほとんどが早起き**です。

49歳になった僕も、毎朝6時ごろには目が覚めます。どれだけ前日の帰りが夜遅くても、朝6時から6時半には起き出します。

起きたらすぐLINEです。「早朝にLINEするのは失礼では?」なんて、思わないでください。僕も早起きだけど、相手も早起き。そんな早起き同士ではなんの問

題もないのです。かえって誰にも邪魔されない貴重な時間を使って、濃密なコミュニケーションができています。

「早起きは三文の徳（得）」ということわざがありますが、これはネット全盛時代の今日でも当てはまります。今ならさしずめ、３０００万円、いや**3億円の得**といっていいほどの価値があると思っています。

それどころか、金額の換算を超えた価値を生んでくれるケースすらあります。

たとえば、「朝は、脳にとってゴールデンタイム」という科学者の言葉のとおり、朝一番の脳はよくいえば空っぽ、これからなんでもインプットできる万全の準備が整った状態です。

だからこそ早朝は、**斬新なアイデアが浮かぶ、誰にも邪魔されることなくサクサクと仕事が片づく、重大な案件をじっくり検討できる**……と、いいことだらけなのです。

◇朝を制する者は、人生を制する

僕ととても仲のいい、ある億万長者の方の話です。

彼は、朝5時半に起床、口にするのは常温のミネラルウォーターを1杯、そしてスロージューサーで搾った酵素いっぱいの野菜ジュース。間違っても、ジャンクな食べ物を身体に入れません。

その後、軽いストレッチをして、天気がよければ近所をランニング。テンポのよい音楽をセットしたプレイリストで、気分を盛り上げるそうです。

帰宅後、シャワーでさっと汗を流してから10分間の瞑想（雨の日は長めの瞑想をするそうです）。それからようやく、会社に行く準備をはじめます。

軽いランニングのあとに瞑想までするなんて、余裕ですね。

「一日の始まりである朝を気分よく過ごすことで、一日をよい方向にコントロールするんだ」

と彼は言います。

これほど素敵な、朝のルーティンはないでしょう。

仕事が終わらないから、夜遅くまで残業する。深夜に疲れ切って帰宅し、そのままバタンキュー。翌朝は出社時間ギリギリに起きて、頭がボーッとしたまま通勤電車にゆられて会社へ――。

こんなありさまでは、朝の時間を充実させるどころか、朝一番から仕事に身を入れることすら難しいでしょう。

朝の時間を活かすには、何はなくとも早起きです。

さて、明日は何時に起きますか？

ここをマネる！

❖早朝こそ一日のゴールデンタイム、早起きすべし
❖一日を快適に過ごせる、早朝のルーティンを定めて実行する

習慣 10

個人の年間計画を立てる

スケジュールをルール化して「奇跡の1週間」をつくる

僕が提唱するのは、**「個人の年間計画」**です。

会社には年間計画があります。しかし、個人の年間計画はあいまいな場合がほとんどです。ですが、まず個人の計画を第一に立てておかないことには、自分以外の人や会社、仕事の予定にどんどん入り込まれて、身動きがとれなくなります。

そこで、**仕事に時間を奪われる前に、個人的な予定をさっさと入れてしまう**のです。たとえば、「絶対、この日程でリフレッシュしにイタリアに行く!」というように、**自分の予定を最優先で決めてしまいます。**半年くらい先であれば、その気になればいくらでも調整できるでしょう。

「でも、きっと仕事が……」なんて言い訳ばかりでは、いつまでたっても旅行になどいけません。

年始の1月1日に、その年の年間計画を立てる人は多いでしょう。

しかし僕は常に、**月のはじめに翌1年分の年間計画を意識しています。**まるで「予約の取れないレストラン」のごとく、計画を月のはじめごとに更新していくのです。

たとえば僕の手帳には、2019年2月4日時点で、すでに2020年2月末日までの出張計画が入っています。

僕が伝えたいイメージ、おわかりでしょうか？

こうした年間計画を立てるコツは、僕の人生の師匠でもある岡部隆司さんから教えてもらいました。岡部さんは通販やコンサルティングを主な事業にしているだけでなく、2004年から続けている「感謝の朝礼」でも有名な、株式会社ココシスの会長です。

具体的に僕が実践しているのは、
毎月第1金曜は、福岡で業界の勉強会。

毎月第2水曜は、東京で取締役会。

毎月第2金曜は、京都でミーティング。

毎月第3金曜は、福岡で勉強会。

という具合に、5日とか12日といった日付でなく、第2金曜とか第3月曜というように、第○曜日で決めていることです。


そしてこのルールを乱さず守ることです。これだけで、年間のスケジュールがカレンダーを見ずとも、この週はどこにいるのかをカンタンに見通せるようになります。

コツは、あまり前後に予定を詰め込みすぎないこと。


「来年の8月第2週あたりで、都合はどうですか？」と急に尋ねられても、ルールを覚えていれば、カレンダーを見るや即座に「その週は東京にいますから、大丈夫です。会えますよ！」と返事をすることができます。もちろん、決まったアポイントはすぐにカレンダーに記入しなければ、忘れる危険性があるので注意しましょう。

スケジュールのルールが頭に入っていれば、随時、先の予約を固めることができます。かなり効果的な方法ですので、ぜひお試しください。

また、アポイントはバラバラに分散するのではなく、できるだけ**集約して入れていく**のも大切です。一方で、アポイントのない日をつくっておきます。**アポイントが集中した日の塊（週）、アポイントのない日の塊（週）**をそれぞれつくれば、メリハリの利いたスケジュールになります。

想像してください。1週間、**まるごとアポイントのない「奇跡の1週間」**ができるなんて、考えるだけでワクワクしませんか。

◇ルーティンの予定は、考えなくても流れるしくみを

時間の使い方のコツは、他にもたくさんあります。

僕は仕事の関係で、年間70回ほど飛行機に搭乗しますが、福岡から東京行のフライトは**朝一番の便**と決めています。よほどのイレギュラーがない限り、すべてＪＡＬの

第1便のフライトにしています。

このように便を固定しておけば、「明日の飛行機は何時だった?」という確認が不要になります。至ってシンプルなルールです。もちろん帰りの便も、年間を通して固定して予約しています。

さらに、毎回決まった時間の飛行機ですから、送迎のタクシーを呼ぶ時間も同じです。フライトの時間が1時間違えば、道路の混雑状況も変わってきます。朝の8時から9時は出勤時間と重なるため、どうしても渋滞に捕まりがちです。こうした事情を考えて、タクシーを予約しなければなりません。

朝一番の7時のフライトであれば、渋滞を気にしなくていいので、空港まで15分で到着します。これが朝10時のフライトだと、渋滞の影響で最低でも40分は余裕をもたないといけません。空港内の手続きなどの混雑も考慮すると、朝一番の便に比べると、トータルで1時間は余裕が必要でしょう。

「朝一番のフライト」というルールがあるので、僕が自宅にタクシーを呼ぶ時間は、早朝の6時10分と何年も決まっています。

おかげで迎車の予約も、

「岡崎です。空港まで、いつもの時間で」
「岡崎様ですね、承知しました。いつもありがとうございます」
と、きわめてシンプル。もちろん、予約はいつも同じタクシー会社です。

これは仕事にも応用できるルールです。

ルーティンにできる仕事は、そのルールを明確にしておく。まとめられることがあれば、一本化しておくのです。

ルールを一本化しておくことが、一見ハードなスケジュールを楽にしてくれるのです。

ここをマネる！

- ❖スケジュールにシンプルなルールを導入し、月はじめに更新していく
- ❖アポイントのある週、ない週の塊をつくっておくとメリハリが利く

習慣 11

アファメーションを毎日唱える

自分の気持ちを上げる、とっておきの口グセを決める

アファメーションという言葉をご存じでしょうか？　そして、それを実行している人は、どれくらいいるでしょう。

アファメーションとは、**「肯定的な断言と誓約」**のことです。

一番有名なフレーズを紹介しましょう。

「私はあらゆる面で日に日にますます良くなっていく」

自己暗示法の創始者といわれるエミール・クーエ*の一番パワフルなフレーズです。

自分で言葉を考えるのが面倒だという人は、このエミール・クーエのフレーズを使うといいと思います。毎朝、大きな声で太陽の方向に向かって口にすれば、素敵な億万長者に確実に近づきます。

ちなみに僕の好きなアファメーションは、**「俺って、天才だなぁ」**です。

僕と仕事をしたことがある人や近しい友人は知っていますが、今でも、自分自身にことあるごとに「俺って、天才だなぁ」とセルフ・インプットしています。「もう俺は天才だから、しょうがないなぁ」と飽きることなく、日常的に口にしているのです。すると、本当に天才的なひらめきが降ってきたり、予想以上の成果に結びつくアイデアが湧いてきたりするから不思議なものです。

そのたびにまた、「天才なので、仕方がないか」とつぶやくことにしています。

これはあくまで僕の場合です。要は、**自分が毎日納得して唱えられるフレーズかどうかが大切**なのです。

◇意外に侮れない、言葉の力

ある外国人に教えてもらったのは、**「カンタン」**という言葉です。「タロー、カンタンだよ。ステップバイステップ、ベリーシンプル、**なんでもカンタンだから**」と、いつも口にしていました。

何かのひとつ覚えのように、「カンタン、カンタン、そんな難しいこと世の中にない。だいたいカンタン。お金もすぐ貸してくれる。いい会社もすぐできる。売り上げもバンバンバンバン上がっていく！　カンタン。すぐ利益が出て、すぐ儲かる。株式上場もカンタン、カンタン。もうすぐできるよ！」

きっと彼のアファメーションだったのでしょう。「カンタン」の連呼状態です。

もちろん、実際にはそうカンタンに物事は進みませんよね。いい会社も、売り上げアップも、株式上場も道のりは険しいものです。

でも、だからこそ「カンタン」と思うべきなのではないでしょうか。

社員も取引先も、そしてお客様も銀行もコンサルタントも、世の中のほとんどの人は「難しい、難しい」と攻めてきます。せめて自分だけでも、**「カンタン・カンタン・カンタン、あっけなく解決する」**と言い聞かせて、前に進んでいかないことには何も始まりません。気持ちで負けてしまっては、勝負の土俵に上がることすらできないのです。

外国人の彼は、「カンタン」と自分に思い込ませることで、そんなハードルを一気に跳び越える勇気と行動を、自身に与えていたのでしょう。

日本人なら、「ことだま（言霊）」と言い換えてもいいかもしれません。自分を鼓舞する言葉を、毎日唱えましょう。

いつも金欠で「あー、今日もお金が足りない！」と嘆いていませんか？

そうではなくて、**「おっ！　今日もこんなにお金がある」「なんて幸運なんだ！　臨時収入でお金が増えた！」**というように、お金があること、新たにお金が入ってくる様子をイメージして、お金の豊かさに感謝するのです。

そのときのコツは、望むだけのお金がすでにあるように考え、振る舞うことです。

ここをマネる！

❖ **自分を鼓舞する、勇気づける口グセを見つけて、ことあるごとに口にする**

❖ **何事にも感謝し、すでに自分の願望がかなったかのように考え、行動する**

＊エミール・クーエ……20世紀初頭にフランスで活動した自己暗示法（クーエ療法）の創始者。ポジティブシンキングの元祖とも言われ、著書に『暗示で心と体を癒しなさい！』がある。

習慣
12

不安をコントロールする

「今」に集中すれば、ポジティブをキープできる

現在、僕の主要な仕事は、通信販売に特化した経営コンサルティングです。日々、さまざまな規模の会社の経営者から、たくさんの相談を受けています。

そうした経営者との会話の中には、「不安」という言葉がよく出てきます。

年商20億円の社長は、競合他社が広告に力を入れてきているので、来年は当社の売り上げが喰われてしまって業績が落ちるかもしれない……、といった「不安」を漏らすのです。

年商50億円の社長でも、社内でリーダーが育っていないから、これ以上、社員に負荷をかけると潰れるかもしれない……、といったマネジメント上の「不安」を漏らすことがあります。

残念ながら、不安を口に出してしまう社長は、自分の発言が何を意味し、どう影響するのかをわかっていません。

僕が今まで出会った方で、**高いレベルの成功をキープしている億万長者は、自分から不安やマイナス発言、ネガティブな言葉を一切口にしません。**一切です。

その理由は、「マイナスを引き寄せる」法則を、身をもって深く知っているからです。ポジティブな言葉を口グセにするのがよいということは、億万長者に限らず、もはや多くの人の常識となっています。それでも、前述した社長たちの例を見るまでもなく、人は「不安」を口にしてしまうのです。

素敵な億万長者は、自分が他の人よりも、「引き寄せの力」が明らかに強いことを熟知しています。しかも、その引き寄せの力はポジティブなことはもちろん、ネガティブなことにも同じ強さで働いてしまうことを経験としてわかっています。

つまり、**成功しているときの正しい回転が、そのまま同じ力で不安の逆回転になることの恐ろしさ**を理解しているのです。

本物の億万長者は、この法則をすべて自分の言葉で簡潔に説明できます。そして、自分のイメージや感情が不安へ向かわないように、エネルギーの中心から０・１ミリもズレない力強さを兼ね備えています。

だからこそ、本物の億万長者は安易に「不安を口に出す」ことなどしないのです。将来が不安だと言う人は、「まだまだ本物の域に達していない」と見なされても仕方ないでしょう。

「不安だ。不安でしょうがない」と言うだけで終わるのではなく、**自分がどう対処すべきなのか、不安を払拭する方法を学びましょう。**

◇「必要以上に考えない」のが、不安を消す最善手

僕が学んだ大切なことは、**「不安は自分でコントロールできる」**ということです。何も、楽観主義者になれと言っているわけではありません。

人生、生きていればいろいろな不安を抱くのは自然なこと。不安の半分ほどはお金に対する不安、経済的な不安が占めているものです。

残りの不安も、「このプロジェクトは成功するのか」「この商品は売れるのか」「会社の将来は安泰だろうか」「今、建てている家は問題なく完成するのか」といった、目の前の成功に対する不安、将来展望への不安といったところでしょう。

もっと卑近な話なら、結婚して幸せな家庭をもったにもかかわらず、「今は幸せだけど、3年後には夫が浮気をして家庭が崩壊するのでは」「自分の家族はがん家系なので、私もきっとがんにかかって、長生きできないのでは」……と絶えず何かしらの不安を抱えている人も意外に多いものです。

もう少し不安の規模が大きい人なら、「原発事故による放射能漏れが怖い」「そろそろ第三次世界大戦が起きるのではないか」などとキリがありません。

繰り返しますが、**今、心配しても仕方ないことは、必要以上に考えないこと。**

自分ではどうすることもできないことを、必要以上に考えても仕方ありません。

映画『風と共に去りぬ』にも、「明日は明日の風が吹く」というセリフがあります。

まさにその通り。**明日の心配は、明日するしかない**のです。

10年後のことをアレコレ心配するあまり、目の前のことが手につかないようなら、今をどう一生懸命生きるかを考え、行動すべきです。

まだ起きていないことの心配をして不安になればなるほど、現実にその不安が起きてしまいます。世界はそのようにプログラムされているのです。

「明日のための心配は無用です。明日のことは明日が心配します。労苦はその日その日に、十分あります」（マタイ6―34）

イエス・キリストの言葉が、胸にしみます。

ここをマネる！

❖言葉の力はポジティブにもネガティブにも同様に働く
❖必要以上に考えず、今を一生懸命に生きる

習慣13

1秒で切り替える

気持ちを瞬時に切り替えて、マイナスを引きずらない

画期的な洗剤であるウォッシュレボリューション21や、ふとん圧縮袋にゾーリンゲン包丁など、テレビ通販で数々のヒット商品を生み出し、生涯で1000億円以上の販売を経験してきた株式会社ナチュラルキッチンの岡田信樹社長は、スムージードリンクを中心に健康食品の受託製造をしています。

ある日、最終製品から残留農薬が検出されるという、ショッキングな事件が起きました。

調べてみると、原因は国内産の無農薬ゴーヤ粉末だとわかりました。全体のたった1パーセントほど、スパイス程度に配合したゴーヤ粉末でしたが、基準を大幅に超え

た残留農薬の事実は放置できず、この製造ロットはすべて廃棄処分になったのです。

原料と加工費、そして廃棄処分の費用の合計で**5400万円の損失**です。

もし、製品化する前のゴーヤ粉末が入庫したタイミングで単体の検査を行っていれば、損失は80万円で済みました。

岡田社長はすぐに、ゴーヤ粉末を製造した原料メーカーに損失補塡をお願いしました。ところが、「80万円の購入額以上の補償はできない」「ましてや、5400万円の損失すべてを補塡するなど難しい」という回答が返ってきました。無い袖は振れないということなのでしょう。それ以降も、損害賠償の話は1円もありません。

「これはダメだ。長引くぞ」と思った僕は、コンサルタントとしてすぐに裁判（訴訟）に持ち込むことを主張しました。問題はゴーヤ粉末です。このメーカーの責任をゼロにはできません。相応の賠償をお願いしたいと思ったのです。

岡田社長は「うん、うん」と僕に理解を示しながら、こう言いました。

「仕方ないね。たしかに向こうの会社も悪い、**だけど僕の会社も悪いよ**」

相手を責めるよりも、自分の会社の責任を問いはじめたのです。

「無農薬のゴーヤ粉末にしても何にしても、原料が入庫したらすぐに農薬の検査をする。これは社内のルールになっていたはずなんだよね。**この手順を手抜きした、自分の工場の責任を問うべきだ**」

そして、**「社長である僕の監督不行き届きである」**と、**5400万円の損失を丸呑み**したのです。

「5400万円をごくり！」

僕にはしっかりと聞こえました。彼の喉が鳴るのを。

その後、保険で2000万円ほど補填できたとはいえ、結果として3400万円の損失は特別損失で処理しました。

岡田社長が「社長である僕の監督不行き届きである」と言った次の瞬間、**「もうこの話はいい。次にいこう」と頭の中をガラリと切り替えた**のがわかりました。

その場にいた他の役員や経営者には見えていなかったかもしれませんが、僕には彼に、後光が射しているように見えました。

◇失敗に執着せず、次の世界へ気持ちを向ける

これが、**圧倒的な切り替え力**です。

不幸な事故、腹の立つ事件などがあっても、それを**一瞬で「仕方ない」と切り替える力強さ。**

もっと言えば、「5400万円の損失でうちの会社が潰れるなら、それはそれで仕方がない。いつまでも損失にクヨクヨしていないで次にいこう」「自分が呑み込めば済む話だ」と頭と気分を切り替える。

大切なのは、この〝切り替え力〟です。

自分の判断、自分の選択で、自分が見ている、生きている世界が変わっていく。

だから自分がグズグズしていたら、そのグズグズした世界をずっと再生産し続けるだけだということを、社長や経営者を長年やっている人ほど思い知らされているのです。

僕たちは「発注ミスをした」「取引先からクレームを受けた」など目の前のちょっとした仕事のミスを、いつまでも引きずることがあります。

しかし、起きてしまったことはもう元には戻りません。気持ちを切り替えて、**次の仕事に全力で取り組むしかない**のです。

「過ぎたことで心を煩《わずら》わせるな」

これはナポレオン・ボナパルトの言葉です。含蓄を感じるではありませんか。

ここをマネる！

- 起きてしまったことに、執着しても仕方ない
- 気持ちを切り替えて、新しい世界へ進め！

習慣14

本物を見極める

身の回りに上質なものを揃えて、審美眼を磨く

僕には、目指しているお金持ち像があります。

僕は福岡県北部の直方《のおがた》で生まれました。ここは、筑豊と呼ばれる地で、もともと炭鉱の町。炭鉱が閉山してからは、産業らしい産業もなく、実家の周りにあるのは田んぼとセイタカアワダチソウ、漬物の匂い、あぜ道とザリガニとタニシぐらいです。完全な田舎です。洗練や上質は、カケラもありませんでした。高校生のときは東京やニューヨーク、そしてパリに憧れました。洗練と上質。今でも、マナーをわきまえている上品な人に憧れます。

前置きが長くなりました。素敵な億万長者の習慣の話をしましょう。

素敵な億万長者が身につけている洗練と上質を、ぜひ身につけたいと思いませんか。

いくらうなるほどのお金をもっていても、下品なうちはただの成金です。**素敵な億万長者への道のりは、洗練と上質への道のり**といっても過言ではありません。

僕には「師匠」とお呼びしている方が各地に、存在します。

たとえば、東京の師匠のお宅に伺うと、玄関を入ってすぐのところに**上品な花が華やかに生けてあります。**最初に目がいく場所に、これだけの生花を常にフレッシュな状態で飾っておくには、手間もお金もとてもかかります。しかし、生活への潤いと訪れた人を感嘆させる上質さを見事に演出しているのです。

そしてもうひとつは、**高品位なオーディオシステム。**

「太郎ちゃん、また買っちゃったよ」と言うので、「何を買ったんですか？」と尋ねると、「バング&オルフセン＊のBeoLab50＊なんだよ」と。

世界最高峰のスピーカーで５００万円もする代物です。それにワディア16という、当時２４０万円もするCDプレーヤーとハイレゾのシステムが繋がっています。

それ以外にも、アンプにケーブルなどを含めるとオーディオ一式で軽く１０００万円コースです。もちろん、この世のものとは思えないような素晴らしい音を奏でます。

そのシステムで音楽を聴かせていただくと、本当に心が洗われたようになるのです。

それから照明や家具、ベッドシーツ・ベッドカバーやタオルといったリネンまわり。当然、石鹸やシャンプーにもこだわりがあるので、話し出したら切りがなくなります。極め付きは、お茶を飲むときのバカラ*のグラス。毎日使うもの、手で触るものを、とびきり質の高い品にすることの大切さを、訪れるたびに教えてもらっています。

たしかにバカラのグラスは高級品ですが、ラインナップとしてペアで1万5000円くらいから用意されています。まずはネットで検索するか、バカラのショップを覗いてみましょう。

"本物を見極める目"をもつ人を目指せ

毎日の生活の潤いや仕事の糧にするために、上質なものを揃えていくと、**審美眼を磨く**ことができます。さらに**洞察力、本物を見極める目を養う**ことにも繋がります。

「安物買いの銭失い」ということわざがありますが、本物を知らない、質の良いものに触れていないと、目の前のものの価値を正当に評価できません。

仕事であれば、自分が任された仕事の価値を、自分できちんと評価できることが大切です。その仕事が「自分にとってどんな意義があるのか」を認識し、それに見合うだけの成果を上げていかないと、いつまでたっても、「ツマラナイ仕事」「いつも同じような仕事ばかり」という憂き目から抜け出せません。

上質なものを身の回りに一気に揃えるのは、現実的には難しいでしょう。それでも、少しずつ増やしていくことで、日々の暮らしを確実にバージョンアップできるのです。

ここをマネる！

❖ 一流の品々、洗練された品々の情報をキャッチしておく

❖ 日々の生活で上質なものに触れ、身の回りに増やしていく

＊バング&オルフセン……デンマークを本拠とするオーディオ・ビジュアルブランド。1925年創業以来、「常にマジカルな体験でお客様に感動をお届けする」を企業理念に掲げている。

＊BeoLab50……バング&オルフセンの中でも、当時の最上位機（ハイエンド）のスピーカー。

＊バカラ……1764年創業。卓越した技術と伝統をもつ、クリスタルのラグジュアリーブランド。

習慣 15

風格を漂わせる

一流店から評価される目利きを目指す

1着50万円のロロ・ピアーナ*のスーツを着ていなくても、鍛えた鋼《はがね》の身体でなくても、**人間の風格は内面から滲《にじ》み出てくるもの**です。

20年以上にわたってサウナを愛している、サウナマスターの僕にはわかります。なにしろサウナでは、誰しも真っ裸ですからね。サウナでいろいろなおじさんを見ていると、〝風格〟とはいったいなんなのかを考えさせられるのです。

風格を別の言葉で言い換えると、**「板についている」**という言葉がしっくりくるかもしれません。

つまり、一度や二度のお試し体験では、到底身につかない雰囲気のことです。何百回も繰り返すことでその経験値が積み上がり、実地で学んだ知識とその振る舞いによって、極めて自然な風格が確立されるのです。

もう10年ほど前になりますが、僕が初めてパリを訪れた際、伝説のレストラン「ランブロワジー*」で食事をする機会がありました。

ところが、フランス語で書かれているメニューはまったくチンプンカンプン。仕方がないので隣のテーブルの料理を指差したり、価格で判断したりして適当にオーダーをしました。

僕がすっかり緊張して、まったく落ち着きがないのがわかったのでしょうか、サービスの男性スタッフも「この田舎者め」という態度でした。そこにソムリエが、分厚いワインリストを抱えて現れます。僕はその電話帳のようなリストを受け取ると、ブルゴーニュのページを開いて驚きました。

「読める！　読めるぞ！」

当然といえば当然なのですが、ワイン名は読めるのです。

そのころ、ブルゴーニュのワインを中心に年間６００本のペースでワインを飲んでいた僕は自信を取り戻し、ソムリエを横に従え、「このワインはどうだ？　こっちはどうだ？」と話しはじめ、30本以上あるクロ・ド・ヴージョのコレクションから今夜の1本を選んだのです。するとソムリエも**「むむ、この日本人はできるな！」**と気づいたようで、その後のサービスがガラリとよくなりました。

いいワインほど、いい料理ほど、わかる人間に飲んでほしいし、食べてほしい。これはフランスでも京都の料理店でも同じです。味もわからないお客に、わざわざいい素材を使うことはありません。

◇一流店から「また来てほしい」と思われるお客は、ここが違う

ですから、初めて訪問するお店の暖簾《のれん》をくぐってからの数分間は、ある種の戦いなのです。「どれどれ、このお客様はどんな客だ」と観察する店主に、**「食べてもらう価値のある客だ」と認めてもらうための振る舞い**が求められます。遅刻や粗暴な態度など、マナーが守れない客はそもそも話になりません。

舌は肥えているのか？　サービスのしがいはあるのか？　お金はもっているのか？　店主から総合的に観察されています。

まずは爽やかな挨拶。店主だけでなくスタッフへの声掛けをしましょう。偉そうな態度は逆効果です。テーブルに通されるまでの態度で、ほとんど見抜かれていると思って間違いありません（背伸びをしてもバレますから、何度か通って独特な環境に慣れていきましょう）。

次に**ワインリストから、値打ちのある「今日の1本」を選ぶ**こと。

一番高級なワインを選べばいい、というものではありません。お店のワインリストが素晴らしければ、具体的に褒めるのも得策です。また、リストに載っていないけれど、そのリストから推察して「もしかして、このワインはありませんか？」と尋ねるのもいいでしょう。

一番嫌われるのは、ワインの知識をひけらかすタイプです。最低限の会話で、「私はかなり、ワインを飲んでいますよ」と伝えられれば最善です。

ワインがサーヴされ、ワインを褒めたあとに、「やはりロブマイヤー*は素敵ですね」だとか「これは木村硝子店*のピーボシリーズですね？」と、**ワイングラスを褒めるのも効果的です。同様に、サーヴされるお皿やカトラリーなども、さりげなくブランド名を添えて褒める**ことで「この客は、なかなかの目利きだな」と評価してもらえます。

すると頃合いを見計らって、必ずシェフがテーブルまで挨拶にやってきます。

他にも、支払いを済ませるタイミングで「岡崎様。もしよかったら厨房をご覧になりませんか？」「こちらに個室があるのですが、見学されますか？」などと言われることがあるでしょう。

これらは**「いいお客様だから、また来てほしい」**という、お店側の意思表示ととらえて間違いありません。

まずは紹介でもなんでもチャンスを活かして、高級レストランや老舗のお寿司屋さんの暖簾をくぐってみてください。

そして風格が滲み出るよう、精進を重ねましょう。

人生、美味しいごはんを食べられる時間は、意外と短いのですから。


ここをマネる！

❖セルフブランディングの先にスタイル、そして風格がある
❖ワイン、料理、食器、……一流店から評価される目利きを目指して学び続ける

*ロロ・ピアーナ……1924年イタリアで誕生した、世界的に名高い高級ファッションブランド。

*ランブロワジー……世界最高峰の三つ星フレンチ。パリで最も予約の取れない店のひとつ。

*ロブマイヤー……1823年にオーストリアで創業した、王室や貴族御用達のガラス工芸メーカー。

*木村硝子店……明治43年創業で、工場をもたないメーカーでありながら、プロが使うテーブルウエア分野でトップクラスの老舗企業。

第3章

人間関係の習慣

習慣
16

会った瞬間、「ありがとう」

先回りの感謝で、素晴らしい未来を確信できる

感謝します。

ありがとうございます。

「ありがとう」の質には、いろいろなレベルがあります。

コンビニでアルバイトの店員が目も合わせずに「あざーす」という挨拶から、心を正して相手にまっすぐ「今日は、本当に来てくれてありがとう！」と、もうありがとう以外の言葉がみつからないくらいの最高のありがとうまで、とても大きなレベルの差がそこにはあります。

しかし、本当に成功している素敵な億万長者の方の感謝はさらに次元が違います。

それが**「先出し・ありがとう」**です。

たとえば、プレゼントをもらったことに対しての〝ありがとう〟のように、世の中の多くの感謝とは、「感謝される事柄」に対して受け身的に発生する「後出しのありがとう」が一般的です。

素敵な億万長者の場合は、出会っていきなり「ありがとう」と、先出しの感謝が出てくるのです。これを「先出し・ありがとう」と言います。

初めて会った瞬間に、いきなり「ありがとう」が来るのです。こちらとしては、「え、僕、何もしていませんけど……」という反応になります。

「出会ってくれてありがとう」「このご縁にありがとう」「時間をつくってくれてありがとう」と通常の解釈でも理解できますが、実はもっと深い意味があります。

◇自分の未来を信じ切る力

それは、**〝近い将来、僕が「ありがとう」と心から感謝を伝えるほど、君は素敵なことをしてくれる〟と確信しているの**です。この未来への感覚による、感謝の「ありがとう」なのです。**「先に言っとくね！ ありがとう！」**という感じですね。

まるで予言のような「先出し・ありがとう」。

自分の未来が、素敵であると見通し、信じ切っているからこその当然の思考なのです。この〝当然感〟を理解できるようになると、エネルギーの循環はますます好循環となり、運気が好転していきます。

会った瞬間、まだ何もしていないのに、「ありがとう」と言われるのですから、言われた人は驚きます。しかし、悪い気はしません。そして返報性の法則的にも、ピグマリオン効果的にも効果大。こうして感謝の好循環が生まれるのです。

「ありがとう」からはじまるこの好循環のメカニズム、ぜひ覚えてください。

ここをマネる！

❖ 出会っていきなり「ありがとう」と言ってみる！

❖ 未来にいいことがあると信じ切って「ありがとう」と言ってみる！

習慣17

10年以上の付き合いを大切にする

全力で相手を助け、ゆるぎない信用を築く

素敵な億万長者ほど、長い付き合いを大切にします。

たしかに新しい出会いは魅力的です。でも長い付き合いは、比べるまでもなく重要なのです。この優先順位を間違えてはいけません。

ある億万長者から、「詐欺師には、10年来の親友なんていないんだよ」と聞いたことがあります。詐欺がバレると、それまでの人間関係が一掃されてしまうのがその理由です。

なるほど、誰も好き好んで詐欺師とは友達にはなりませんものね。

反対に、その人が信用できるかどうかを見極めるなら、**10年以上付き合いのある親友を紹介してもらえ、**というアドバイスをもらいました。

昔の知人ではなく、月に一度は交流しているような間柄で10年越えの人なら、その信用はとても強固になります。

その間に仮に何かがあったとしても、10年という月日を通して現在も付き合えている人間である、という事実は、ゆるぎない信用の証といえるでしょう。

過ぎ去った時の長さを考えれば、その尊さは、みなさんもイメージできると思います。相手を簡単に裏切るようでは、実現しない関係です。「長い付き合いこそ大切にする」という価値観をもてば、おのずと行動が変わります。

◇相手を想うだけではなく、覚悟をもって助ける

そして、この**「大切にする」という行動の意味を考えておく**必要があります。

心で相手を想うだけでなく、積極的にケアをしていくことが大切なのです。

誕生日を祝うことはもちろん、さまざまな機会を捉えて、相手が求めることに力を貸していくこと。そしてもし**相手に何かトラブルが起きたら、全力で助けるという覚悟をしておく**ことです。

最悪の想定を先にしておき、自分の身の振り方をシミュレーションしておくことで、もしものときには躊躇《ちゅうちょ》なく動くことができます。ただ敵をつくらず、喧嘩せずの精神だけでは不十分です。

大袈裟《げさ》に言えば、自分のことより、相手の利便を優先して考える。これが、付き合いを大切にするうえでの要《かなめ》になる考え方だと思います。

「僕は君と長く付き合う。君が困ったら、僕は全力で助ける」

はっきりと言葉にします。それだけで覚悟が強まり、助け船を出すスピードも早まります。「相手がどの程度困っているのか」などと、グズグズ悩むことはありません。なぜなら、僕は全力で彼を助けると決めているのだから。

こういう真っ直ぐな気持ちで、相手に向かえば、**多くの人はあなたを信用します。**信用しないわけにはいかないのです。

これが、「僕は自分が一番大事なので、絶対に周囲の誰も助けない自信があります。

だってあの人が困っているのは自業自得でしょ。あの人の問題なのだから、手出しはしません。これが僕のポリシーです」などと言う人と、あなたは付き合いたいですか？

もちろん、付き合いたくないですよね。

まずは、あなたの覚悟をきちんと言葉にして、意思として明確に表明してみてください。

自分の意思を言葉にすると、心の中で思っているときよりもエネルギーのレベルが全然違ってきます。

ここをマネる！

- 信頼、信用はお金ではなく、「覚悟」からしか得られない
- 真っ直ぐな気持ちで相手に向かい、相手に何かあれば全力で助ける

習慣18

プレゼントが大好き

一生の贈り物を通して、心と心の繋がりを表現する

あなたも、親友や奥様（旦那さま）、彼女（彼氏）の誕生日やクリスマスにプレゼントを贈りますよね。

女性は男性よりもプレゼントが上手です。

僕のまわりの男性は、去年は贈ったのに今年は贈らなかったり、お礼やお返しを忘れたり、せっかく贈ってくれても的はずれな物だったり……と、プレゼントのタイミングや品質が安定していないと感じることがしばしばあります。

それでは、素敵な億万長者のプレゼントはどうなのでしょう。

最近のエピソードだと、僕が目をつけていた入手困難な自然派ワインをさりげなく贈られたときは、「どうしてこのワインだと知っているの!?」とその観察力とセンスに驚かされたものです。プレゼントの中身はもちろん、包装から手紙まで、もうすべてが完璧でした（「ドメーヌ・デ・ミロワール＊ ミズイロ」という超絶に入手が難しい、フランスはジュラのワインです）。

そして彼らは、**プレゼントの贈り忘れなんて、絶対に！ 絶対に！ ありません。**つまり、去年は贈ったけれど今年は「ナシ！」なんてことはないのです。「贈ると決めたら贈る」のです。

このように、素敵な億万長者の**「プレゼントへの意識」はとても高い**のです。

僕が忘れられない手土産《てみやげ》のエピソードを、ひとつ紹介します。

今から10年ほど前、僕は株式会社オンリーの社外取締役として本社のある京都によく行っていました。

株式上場前ということもあって、来シーズンの商品戦略や広告のミーティングに加え、内部統制や全社的なシステムの要件など、上場まわりのシビアな議案やトピックが目白押しで、予定時間いっぱいの密度の濃い取締役会が終わったときのことです。

ちなみにその日は、僕が初めて京都本社の取締役会に出席した日でもありました。

帰り支度をしていると、オンリーの中西会長から手土産をもたされました。「岡崎はん、家族と食べてーな」と、さりげなく渡されるので、「ありがとうございます」と受け取ったものの、「京都には、こういう風習が残っているんだなぁ」と思った程度でした。

ところがこの手土産、**最初の1回だけではなく毎回もらう**のです。月に3回ほど通っていましたから1年で36回、3年間で約100回訪れたことになります。しかも**同じ手土産が続くことはなく、毎回趣向が凝らしてある**のです。

たとえば、「このお菓子を食べると、もう夏だね」と感じる**「季節のお菓子」**のラインナップ。

中でも重宝されていたのは初物《はつもの》。季節商品の売り出し初日に入手したものを、**「初物です。どうぞ」**と渡されました。京都の企業だけあって、本当に粋ですね。

具体的な手土産をいくつか紹介すると、笹屋昌園《ささやしょうえん》の「白いわらび（わらび餅）」、先《ぽん》斗町駿河屋《とちょうするがや》の「竹露」や仙太郎《せんたろう》の「竹の水」といった竹入りの水羊羹《みずようかん》。他にも9月だけの限定「ちりめん山椒」（下鴨茶寮《しもがもさりょう》）などを、社長室のスタッフが朝一番から店に並んで購入するそうです。

値段も、1箱1000円から高くても1500円くらいで、**もらう側も負担にならない絶妙な金額**になっています。

しかも、**どの手土産をいつ贈るかが、年間カレンダーにきちんとスケジュール化されています。**来客の人数にあわせて用意しておくのが日課となっているだけでなく、社長室には突然のお客様の来訪に備えて、予備が常に5個くらい用意されています。

そつなく質の高い手土産を渡すには、こういう仕組みに裏打ちされた準備と余裕が欠かせません。

たかがプレゼントと言うなかれ。せっかくのプレゼント、機会を逃さずにタイミングよく贈るには、いかに**工夫と手間をかけられるかが勝負**なのです。

この京都の手土産の教訓から、僕の会社でも、お中元やお歳暮はもちろん、**お世話になった方の誕生日や記念日の日付を管理するようになりました。**反対に、相手から何をいただいたのかも記録するようにしています。

◇何を・いつ贈るのかにもっとこだわりを！

はっきり言って、今どきお中元に普通のビールの詰め合わせなんて、お手軽すぎます。「とりあえず、ビールを送っといて！」という感じなんだろうと想像できてしまうからです。

もう少し丁寧に、「何を贈ろうか？」と考えられないのでしょうか。「僕はあなたに喜んでもらいたい」「特別なあなたに、何を贈るのがいいか」と、一生懸命に考えた痕跡を相手にとどめたいのです。

それには、とにかく相手をリサーチすることです。

お酒を飲めない人に、お酒は贈りませんよね。そういう情報は、今なら相手のインスタグラムやFBの投稿から読み取れるでしょう。**相手について情報を集めれば、選択肢はぐっと広がります。**何を贈っていいかわからないのは、相手を知らないのと同じです。

「とりあえずビール」は居酒屋の1杯目だけにして、相手の好みをリサーチしてみましょう。

もうひとつ残念なことがあります。

それは、**お中元の届く時期に鈍感**だということです。

お中元の最盛期ともなれば、1日に8個、9個とドンドン届くことになります。そんな繁忙期の中の1個として届くのと、**お中元の初日、しかもその年の最初の一品目として届く**のではインパクトがまるで違います。

あなたが贈ったお中元の包みを開けるとき、「早いもんだ、もうそんな季節か」と相手は感じてくれます。そして「少し早いですが、夏のご挨拶です。お元気ですか？僕は元気にしています」と添えられたメッセージに、「いつも細やかな心遣い、ありがたいなぁ」と思ってくれるのです。

したがって、どうせ贈るなら**初日に贈り届けたい**ものです。ただし、初日に贈るといっても、時期は地方によって差があります。お中元の場合、最近では6月20日から7月15日ごろに贈ることが一般的になっています。しかし実際には、国土が南北に長い日本では、東北と関東は7月初旬から7月15日、北海道は7月15日から8月15日、九州は8月1日から8月15日あたりと、ひと月くらいの違いがあります。

こうした事情を把握しつつ、誰よりも先に届けるにはいつがベストなのかを考えてみましょう。

たとえば、関東のエックスデーを6月20日とすると、その1週間前の13日から15日あたりをお届け予定日にするのが魅力的です。ここなら確実に一番を狙えます。ただし、「一番狙い」だけに走ってしまって、変な競争をしてしまうのは本末転倒です。

贈り物では、相手のことを第一に想い、相手が開梱するシチュエーションまでトータルに想像を膨らませることが大切です。そのとき最初に手にするのが、自分が贈ったお中元であったら……と考えて、品選びは慎重に行ってください。

たかが贈り物と言うなかれ。

贈り方ひとつ、タイミングひとつに「こだわり」をもつのです。

◇徹底した〝お返し〟の精神を実践する

そして忘れてならないのが〝お返し〟です。

素敵な億万長者は〝お返し〟を徹底しています。100％〝お返し〟をします。

もらったら必ず〝お返し〟。この「返す」という行為は、簡単なようで、なかなか普通の人にはできないものです。誕生日のプレゼントにしても、お中元にしても、3割の人はもらいっぱなしです。

しかし、**億万長者に〝もらいっぱなし〟という思考はありません。**

取引先からのお中元にしても、後輩からのプレゼントにしても、「世話をしているんだから当然」ではなく、「ありがとう」と品物できちんとお返しをします。「素敵な品物をありがとう」と直筆の手紙を送るほどです。このお返し、なかなかできることではありません。僕自身も、まだまだ完璧ではありません。

この徹底した〝お返し〟の姿勢と行動は、素敵な億万長者の特徴です。

それではなぜ、億万長者はお返しにこだわるのでしょうか。

それは**「返報性の法則」**を深く理解しているからです。

返報性の法則とは、**人から何かしらの施しを受けたとき、「お返しをしなくては申し訳ない」という気持ちになる心理作用**のことです。

相手がもし返報性のない人間だとすると、一方的に与える側は誰しも悲しい気持ちになることでしょう。この返報性をもっている人間なのか、もっていない人間なのかを明快に表現できるのが〝お返し〟なのです。いつも人からもらうだけ、奪うばかりの人はつまるところ家族にも友人にもスタッフにも、誰にも相手にされなくなります。

このように**〝お返し〟をしない人、つまり返報性を理解していない人は長期にわたる成功は期待できません。**人からテイクばかりでは人望が育つはずもないからです。

余談ですが、世の中には〝手土産本〟という書籍があります。

リストアップされている品々を見ていると、「日本の商品アイデアって、すごいなぁ、深いなぁ」とあらためて感嘆します。本の中で気になった商品を見つけたら、まず自分用に取り寄せて試食してみましょう。そして「間違いなく美味い」と納得できたものだけを、相手に贈ってください。

試食せずに、カタログ感覚で選んで贈るのは失敗の原因となります。**自分で食べもしない商品を贈るという雑な行為は、御法度です。**自分で取り寄せて食べる。そして「美味しいからどうぞ！　あなたに食べて喜んでもらいたい！」という全開の想いをプラスしてこそ、素敵な贈り方といえるのです。

◇相手が亡くなるまで贈り続けるのが、億万長者の流儀

さて、ここであなたに質問です。

今までに贈った、ベストプレゼントはなんですか？

「思い出せない」という人もいるでしょう。そもそも贈っていない人は、思い出しようがありませんね。その人は、過去にもらった一番印象的なプレゼントを思い出してみましょう。

さて、**プレゼントの目的は、相手を想い、相手を喜ばせること**です。

ただ価値のあるもの、プライスが高額であればいいわけではありません。

最近は、サプライズ流行りで、驚かすほうに意識が行きすぎているように感じます。あなたの贈るプレゼントには、あなたのセンスと、相手を思いやる想いが内包されていることをお忘れなく。あらためて言いますが、プレゼントの目的は、相手を想い、相手を喜ばせること、です。

誕生日であれば、その当日にお祝いをしてプレゼントを贈りましょう。2週間も遅れたプレゼントなど、嬉しさも半減です。贈らないよりはいいですが。後味はかなり悪く、なんともモッタイナイことに……。


それから、**贈ると決めたら毎年贈ること。**

今年贈って来年贈らないというムラ気な贈り方は、ダメな贈り方の典型です。

今年は贈ったけれど、2年ほどお休みして、4年目はお歳暮だけ贈る、といった気分屋的な贈り方もよくありません。贈ると決めたら、毎回きちんと贈りましょう。

「ここで贈り物をしておけば、今後の仕事に有利かな」といった打算的な贈り物では、素敵な億万長者の道のりからは遥か遠いところにいることを自覚してください。

素敵な億万長者の〝贈るレベル〟は次元が違います。

「お中元を贈ろう、お歳暮を贈ろう！」と一度決めたら、**相手が死ぬまで贈るのが億万長者の思考**です。

今の年齢が40歳と仮定するなら、70歳までの30年間でお中元とお歳暮を合わせてもたったの60回です。1回5000円×60回として、たったの30万円なのです。

相手に感謝しても感謝しきれない。だから毎年贈る。相手に対して、「一生頭が上がらないほどお世話になりました」という、心からの「感謝」の形の贈り物でないと意味がないのです。

「感謝の殿堂入り」と考えるといいでしょう。

だから、贈ると決めたらずっと贈ってください。20年でも30年でも、その人が死ぬまでずっと贈るのです。

これは覚悟です。覚悟ができないとグズグズします。すると内容も中途半端な贈り物になります。

僕がお贈りしている方の中には、もう10年くらいお目にかかっていない人もいます。彼からもお返しが届くのですが、手紙には、直筆で「太郎くん、いつもありがとう。

最近は愛猫の絵を描いています」といった近況が書いてあり、お顔がすぐに浮かびます。**たとえ会えなくても、心でしっかり繋がっているのを実感できます。**何かあれば、いつでも相談できる間柄なのです。

逆に怖いのは、贈り方ひとつで、相手に「所詮まだまだ、この程度だな」と値踏みされてしまうことです。明らかに、〝贈るレベル〟の違いがバレてしまうのです。

素敵な億万長者のように、誕生日や記念日のプレゼントの贈り忘れがないようにスケジュールに書き込み、リスト化・仕組み化する習慣を身につけましょう。

ここをマネる！

❖贈り忘れがないように、贈り先リスト（誰に、何を、いつ）をつくろう！

❖相手が亡くなるまで、贈り続けるのが流儀

＊ドメーヌ・デ・ミロワール……アルザスのジェラール・シュレールのもとで6年以上にわたり働いていた鏡健二郎氏が始めたワイナリー。

習慣19

笑顔が超フレンドリー

うまくいく予感は、笑顔とオーラで相手に伝わる

「お仕事は何をされているのですか？」

初対面のシーンで、よくある質問です。

１分間で簡潔に自分の魅力を説明したいものですが、実は自己紹介の内容よりも手前に大きなポイントがあります。

それは**第一印象、ファーストインプレッション**です。

具体的にいえば、目を大きく見開き、にっこりと口角を上げ、**超フレンドリー満載の笑顔**です。微笑みの10万倍レベル！　普通の笑顔とは異次元のレベルです。

相手を一気に自分サイドへ引き込むレベルの笑顔、異次元の笑顔であれば、それだけで**「この人は楽しそうだ！」「この人の人間力は、かなりのレベルだぞ！」**と相手

に関心をもってもらうことができます。

先日、〝鮎を焼かせたら日本一〟といって紹介していただいた人がいます。新潟は長岡から全国のイベント会場へ年に200か所以上に出店し、長岡産の鮎を全国にPRしている「いろり茶屋　火処《ひどこ》」の綱和彦さんです。綱さんは、大きな囲炉裏に丁寧に串を通した鮎を立てていきます。

このとき、鮎の頭は下で尻尾は上。こうすることで脂が下にたれ、備長炭でじっくり焼き上げるあいだに、唐揚げの要領でカリカリになって、頭も骨もまるごと食べられる鮎になるといいます。

そんな綱さんの笑顔は、僕がこの10年で出会った中で**最高レベルの笑顔**でした。その笑顔に魅せられて、僕は一気に綱さんのファンになってしまいました。

いったいどんな人生を過ごせばこれほどの笑顔力が身につくのかが気になって、出会った当日に4時間以上、彼の半生を詳細にインタビューしてしまったほどです。

「何を語るか」の前に、人間力なのだと思うのです。

自分らしさの追求の前に、そもそも**〝今、目の前のこと〟をちゃんと生きているか**が問われます。毎日をダラリと生きているような、つまらない人間と過ごす無駄な時間はないのです。

つくった笑顔ではなくて、過ごした人生から浮かび上がってくる笑顔、気力が充実した快活な笑顔には、どんな理屈もかないません。

ぜひ、ご自分の笑顔を点検してみてください。


そういえば僕が34歳のときに、現在、株式会社ディー・エヌ・エー（DeNA）の代表取締役会長である南場智子さんと上場前の事務所でお話をしたことがあります。

南場さんから、**「太郎君は、本当にお金の匂いがするわ。あんたいいわ。あんたとやったら商売がうまくいきそうね。よろしくね」**と言われたことがあります。

このときまで、この商売が「うまくいきそう」という予感を相手にもってもらうためにどう振る舞うべきか、という発想が僕にはありませんでした。しかし、南場さんからそう言われて、**「ビジネスがうまくいきそう！」という予感を相手にもたせることの重要性**に気づいたのです。

言葉や資料での説明の前の、お互いの関係の土台作りといえばいいでしょうか。**異次元の笑顔と〝うまくいく予感〟がセットになれば、鬼に金棒です。**

◇理屈よりも雰囲気がモノを言うとき

さて、予感を裏打ちするものとして、**あなたは「何のプロフェッショナルなのか」を明確にすること**が必須です。「卵が先か鶏が先か」的な話ではありますが、日常業務の中で自身のプロフェッショナル性を研鑽《けんさん》していればこそ、それによって醸成される〝プロの雰囲気〟が予感の源泉になります。

ちなみに僕の本業は、通販コンサルタントです。

コンサルタントといえば、世間的には契約しないと情報は出さない、といったイメージがあるようですが、僕はあまり気にしていません。**気前よく、なんでも教えようというスタンス**で仕事を引き受けています。

これ以上の情報は別料金、といった話もありません。その時点で知っている話は、時間が許す限り包み隠さずお伝えします（習慣02での出来事の影響です）。

反対に、わからないことは「わからない」、知らないことは「知らない」と、正直に答えます。

この気前のいい僕のアドバイスに、「うまくいきそうな予感」を感じてもらえるといいなぁと考えています。

もちろん、「我ながら、本当にすごいアドバイスだなぁ」と思っても、相手がそのレベルに達していなくて、「何言ってんだ、この人」みたいな失敗をするときもあります（笑）。いくら気前がよくても、相手にもそれぞれ要望、条件がもちろんありますから、それが合致しなければ、残念ながら契約に至らないこともあります。

セルフブランディングの究極は、**何も言わずとも、目の前に立てば後光が射してしまう、風格が滲む人**でしょう。

「この人は只者ではないぞ」「きっと、この人と一緒にいたらうまくいく」という感覚をエネルギーで伝えられる人になるのが、僕が考える最終形・理想形です。

オーデマ・ピゲ*の腕時計も、カルティエのチェーンネックレスも、トム・フォード*のメガネもしない。**真っ裸でも、「こやつ只者ではない！」というレベル**を目指したいものです。

自分は何者で、どういう分野のプロフェッショナルなのかといったセルフブランディングを明確にすることは、もちろん大事です。しかし、発散されるオーラで一目で納得させてしまう、というレベルもあることも知っておいてください。

年齢を重ねると、理屈よりも「雰囲気」。

自分が求めるセルフイメージを、あらためて明確にしてみましょう。

そのセルフイメージを実現するためには何が必要なのか、時に考えてみるのです。

ここをマネる！

❖「この人は楽しそう！」と思わせる笑顔を身につけよ

❖「なりたい自分」像を突き詰めて、それにふさわしいオーラをまとえ！

＊オーデマ・ピゲ……1875年スイスで創業した時計・宝飾品企業。パテック・フィリップ、ヴァシュロン・コンスタンタンとともに世界三大高級時計メーカーに数えられている。

＊トム・フォード……グッチやイヴ・サンローランのデザイナーやディレクターを歴任した後、自身のアパレルブランドを立ち上げた人物。

習慣20

証拠をすぐ出す

動かぬ証拠を揃えておき、相手が疑うヒマを与えない

10年ほど前に、ハッと気がついたことがあります。

それは、家電ブランド「amadana」のデザイナーであり、先輩である鄭秀和《ていしゅうわ》さんが設計した、バリ島にある敷地2700坪の別荘を見学したときのことです。空港からの送迎用ミニバンで、たまたま同席したのが山野エミールさんでした。

山野さんは、イタリア・フィレンツェにある世界最古の薬局「サンタ・マリア・ノヴェッラ」の商品を日本で展開していたり、銀座の高級イタリアンレストラン「ジャッジョーロ」のオーナーだったり、トスカーナの「アルティミーノ」というワインを輸入したりしています。はたまた、雑誌『ゲーテ』(幻冬舎)の「男たちの愛してやまないクルマ」の特集(最新のスーパーカーが紹介される中、最後のページに

山野さんの愛車である1973年のナローポルシェ＊の完全レストアが掲載されている）に紹介されるほど自動車に造詣《ぞうけい》が深かったりする、オトコが憧れる先輩です。

この日ちょうど、僕が社外取締役をしていた株式会社オンリーが、イタリアの老舗セレクトショップの「タイ・ユア・タイ」と合弁で企業を設立するというニュースがネットで飛び込んできました。

このニュースをミニバンの中で山野さんに伝えたところ、山野さんから**「もともと『タイ・ユア・タイ』を日本にもってきたのは、僕なんだよ」**という話になって、2人して驚いたことがありました。

この不思議な縁から、現在も山野さんとは親しくさせてもらっています。

ある日、赤坂にある山野さんの事務所に遊びに行ったときのことです。

「太郎くんは、車は好きですか？」という話になりました。

「もちろん好きです！」と即答すると、「僕も、車好きなんだよ」と満面の笑みで乗り出し、「僕の愛するクルマはね、別荘のガレージに2台、入れているんだよ」と言うのです。

「2台ですか？　ちなみに車種は？」と僕が尋ねると、「うん。**ランチア・ストラトス**なんだ。1台は乗っていて、1台は保管用でね」と、まるで宝物を自慢する子どものようにニコニコと話されるのです。

それにしても、ランチア・ストラトスとは！　驚きました。

現存する本物の「ランチア・ストラトス」は、世界でも希少中の希少車です。中古車サイトの「カーセンサー」で検索しても、1台もヒットしません。1974年に発売された、往年のスーパーラリーカーなのです。

しかも、本物の生産台数が少ないのにもかかわらず人気がありすぎたため、公式のレプリカから非公認の海賊版まで、数種類に及んで作られた伝説的なモデルでもあります。

山野さんの所有するランチア・ストラトスはオリジナルですから、安くても1台5000万円超と言われています。それが2台あるわけですから、少なく見積もっても1億円です。

「うそぉ！」

思わず僕の口から、こぼれ出ました。

こういうときは「ホントですか！」と反応すべきですが、嘘みたいに強烈な話でにわかには信じられなかったため、冷静さを失って、つい言ってしまったのです。

山野さんは、僕の怪訝《けげん》な表情を察知したのか、「ちょっと待ってね」と言って、本棚から**1冊のアルバム**を抜き出しました。

それをパラパラとめくると、「ほら、これね！」と言って見開きページを机に広げたのです。開かれたページにある写真には、紛れもなく「ランチア・ストラトス」が見事に2台並んで鎮座しているではありませんか。

他のページにも、自分が運転している写真などの素敵な写真が50枚くらい並んでいます。それが**写真集のように、きちんと製本されている**のです。

そして「僕の別荘、見る？」と言った次の瞬間には、同じように**「別荘のアルバム」**が出てくるのです。

このとき、頭の中でフラッシュバックするものがありました。ハッと気がついたのです。

◇相手が疑う前に、有無を言わせぬ証拠を出す

今からちょうど20年前に、世界を股にかけた億万長者がいました。

名前をデビッドさんといいます。デビッドと名乗っていますが、実は正真正銘の日本人です。ミドルネームが「デビッド」なのです。

このデビッドさんがすごいのです。

僕が27歳のとき、西麻布の老舗イタリアンレストラン「キャンティ」で出会ったのが最初でした。そのとき同席していた師匠から、**「この人は、マイケル・ジャクソンのお友達なんだよ」**と紹介されました。

キング・オブ・ポップのマイケル・ジャクソンが出てくるとは、あまりに唐突すぎて、現実感が湧きません。たしかに目の前のデビッドさんには、只者ではないオーラが漂っているのはわかりました。怖いとか、迫力があるというのとは違って、静かなオーラなのです。自分からはあまり口を開かず、話し方も、とてもゆっくりで丁寧な人です。

「なるほど、ホンモノの大物というのは、こんな感じなのか」と思ったことを今でも鮮明に覚えています。

「へぇ、マイケル・ジャクソンのお友達の人なんですかぁ」とデビッドさんを見て初対面の挨拶をすると、横にいた奥さまが、**すぐにマイケルとデビッドさんが談笑している写真を出してきて、楽しそうに話しはじめた**のです。

「へぇ」と僕が写真を覗きこむと、「こっちの写真は、先月マイケルが来日したときのものね。こっちが東京ディズニーランドよ」

「そういえば、ニュースでディズニーランドを貸し切りにしたと言っていましたね」

「そうそう、あなたよく知ってるわね。あのときも一緒にいたのよ」

これにも参りました。

「え〜、嘘でしょう！」と普通の感覚なら思いますよね！

でも「嘘！」と思う間もなく、次の瞬間、証拠の写真が出てくるのです。ディズニーランドで、マイケルと仲良く歩いている写真が！

しかも1枚ではなく何枚も!!　タイミングよくポンポンと矢継ぎ早に繰り出されると、もう疑うなんて余地はまったくありません。

「それでレストランで食べていたら、あの**バブルス君**がね」

「バブルス？　ってチンパンジーの！　えーーー！」

もう絶対ありえない！　卒倒するほど驚きました。

「こんなの嘘やーん！　嘘に決まってる！」と心の中で僕が叫ぼうとした瞬間、**スッとバブルス君とピースして写っている2人の写真が出てくる**のです。

まさに**「動かぬ証拠」**です。


ランチア・ストラトスも別荘もバブルス君も同じですが、話だけでは「怪しい」と思いそうになっても、そこに**証拠写真が必ずセットされている**のです。

信じる・信じないではありません。もう、信じるしかないのです。証拠写真があるのとないのとでは、まったく説得力が違います。逆に言えば、デビッドさんクラスの話に証拠写真がないとしたら、大袈裟すぎて「これは、もしや詐欺師では？」という印象の積み重ねになってしまうでしょう。

ポイントは、相手が疑いを抱くその前に、**証拠写真で次々に〝疑いの芽〟を摘んでいく**ことです。疑いが大きく膨らんでからでは、火消しの作業がひと苦労です。

自分の評判を守るには、相手に疑わせないこと。相手が疑う前に証拠提出！　これぞ最大の防御なのです。

それを知ってか知らずか、とにかく億万長者は「証拠写真の整理」をキチンとしています。

有名人とのツーショット写真や稀少な持ち物、珍しい体験などは、徹底して写真の整理をしておき、必要なときにサッと提示できるのです。

この習慣に気づいてから、僕もエバーノートを中心に、Ｍａｃの写真アプリで情報を管理するようになりました。

また、**億万長者は、写真だけでなく自身の経歴もキチンと整理しています。**

「私は１９９７年にこの会社にいてポストはこれ、年収はいくら、こういう案件を誰と実行して何億円の実績を残した」

という具合に、経歴と実績、そしてエピソードを正確に記録しています。

証拠の整理ではありませんが、仕事の場合、言うことが二転三転、コロコロと変わる相手と付き合うときは、メールなどなんらかの形で時系列で記録を残しておくことが大切です。

記録の整理をすることは人のためだけでなく、自分の考えをまとめるうえでも役立ちます。

「自分がどんな仕事を、どうやってきたのか」

時には棚卸しをして確認しましょう。何か、新しい気づきがあるかもしれません。

ここをマネる！

❖相手に疑わせない証拠の整理。これぞ最大の防御！

❖自分の経歴やポスト、仕事の実績を時系列で整理しておく！

＊ナローポルシェ……ポルシェ911の初期モデルである901型のこと。

習慣21

他人を優先する

「お先にどうぞ」「それでは私が」の精神を磨く

人間力とは、いったいなんでしょう。

あなたは人間力という言葉を聞いて、何を思い浮かべますか？

ある若者が、僕に怒りをぶつけてきたことがあります。

「あの社長、たしかに金持ちなんでしょう。でも汚いですよ、人間として。僕は許せない」

きっと彼は、お金持ちなら当然、人間力があると勘違いしているのでしょう。

しかし残念ながら、**経済的な成功と人間的な成熟には、まったく相関関係がありません。人間力は、お金では買えない**のです。

たとえば、飛行機が着陸した場面を思い浮かべてください。

シートベルトサインが消灯すると、乗客たちは一斉にシートから立ち上がり、荷物を降ろしたりして、飛行機から降りる準備をはじめます。そんな中、周囲におかまいなしにわれ先に降りようと、出口に走り出す人がいます。朝一番の飛行機で、先を急いでいるのかもしれません。でも、早く降りたいのは他の人も同じです。他人を押しのけて自分を優先する。ここに、その人の人間性が表れます。

反対に、同じような状況の中で**「お先にどうぞ」の精神を発揮し、気持ちに余裕をもって他人を優先できる人**もいます。「どうぞどうぞ」と笑顔で道を譲る人をみると、「徳の高い人だなぁ」と思います。

さて、あなたはどちらになりたいですか？

みんなが先を急ぐときは、「お先にどうぞ」の精神。
誰も行きたがらないときは、「それでは私がお先に」の精神。

この考え方は長年、松下政経塾を指導してこられた上甲晃先生の言葉です。日々、この精神を気にかけて実践することで、人間力は確実に鍛えられます。

先日、僕を含めた友人3人で、あるレストランで会食をしていた折の出来事です。隣のテーブルの人が、大声で「すいません。お会計お願いします！」と言って、僕らのテーブルの傍にいたウエイターの腕をつかみ、呼び止めたのです。驚いたウエイターは、思わずお盆をひっくり返しそうになりました。

マナーを知らないのか、優雅さがないのか。いえ、そうではありません。やはり自分を優先するばかりに、相手のこと、周囲の状況がまったく見えていない、考えていないという人間力のなさが原因なのです。

また、香港の尖沙咀《チムサーチョイ》にある中華料理店での出来事です。大声で関西弁を話す体格のいいお兄さんが、派手目な女性を2人従えて、店に入ってきました。席につくと日本語で「メニューをもってこい！」と、これまた大声で言い放つやいなや、「とりあえず北京ダックだ」とオーダーしたのです。

ウエイトレスが「飲み物はどうされますか？」と尋ねると、「飲み物はいいから、お前は先に北京ダックのオーダーを通してこい！」と言うのです。

それを見ていた僕は、一気に気分が悪くなりました。「なんて横柄な態度、もの言いなのだ」と。中国人を見下しているともとれる、差別的な振る舞いです。ましてや他に、日本人の客だっているというのに……。周りがまったく見えていないのでしょう。彼の腕にはめられていた５００万円はする高級腕時計が、逆に下品さの象徴のようで残念でした。

仕事でも、立場の違いや役職の違いでガラッと態度を変える人は少なくありません。その人の人間力は、そんなときに顕著に現れてしまうものです。

「他人にどう見られようと、知ったことではない」という主義なのかもしれませんが、こうは絶対になりたくないものですね。

ここをマネる！

❖人間力はお金では買えない、あくまで磨くもの
❖いつも気持ちに余裕をもち、自分より他人を優先できる

習慣22

人と人をすぐ繋げる

人間SNSとして、自分の人脈から紹介する

執拗に見合いを勧めてくる〝世話焼きオバちゃん〟のような勢いで、素敵な億万長者は、呆気ないほどカンタンに知り合いを紹介します。

今日初めて会った人でも、**会ったその日にもう誰かを紹介してしまう**ほどの、言うなれば**紹介マニア**です。

「太郎くん、仕事で何か困っていることない？」

「なるほど、その件であれば、僕の友人でロバートという人がいるから、今紹介する。明日にでも、話を聞いてもらいなさい。時間ありますか？」

みたいな感じで、あっさり自分の人脈を披露してくれます。

億万長者は、どんどん人を繋げる。言うなれば〝人間SNS〟なのです。

紹介してもらうことはとても喜ばしいのですが、もちろん、いい話ばかりではありません。

たとえば、紹介された人が詐欺師まがいの人物だったとします。

その人を信用して5000万円出資したのに、3か月後、キレイに5000万円の損失を被りました。すると騙された方は、「あなたが紹介してくれた、あの人に5000万円パクられちゃったよ！　どうしてくれるんだ！」と、紹介してくれた億万長者に対して損失を補填してほしいと詰め寄ったりします。

しかし、これはまったく筋違いの話です。

紹介したのはその人でも、その後のことは、当人同士の大人の話だからです。

仮に儲け話だったとして、「こんな話を持ちかけられているのだけど……」と紹介者にフィードバックをしているならまだしも、なんの相談もなく話を進めたのであれば、完全に自己責任です。

自己責任の意味がわからず、後々クレームをつけてくるような人には、気軽に紹介できません。

みなさんが、「紹介されやすい人」を目指したいなら、早い段階で、きちんとした身元や素性といった人間の基礎部分を相手に伝えることです。わかりやすいところでは、株式を上場している勤め先の企業名、自分の後ろ盾になってくれる人、10年来の共通の友人、反社会勢力とは関係ないことなどを明示できれば、紹介する側も紹介しやすくなるでしょう。

反対に、怪しさが満点の人は、なかなか紹介することができません。

紹介はあくまできっかけ、あとの問題は当人同士で

先ほどの話に戻りますが、億万長者は、100パーセント善意で「とりあえず紹介はしたよ！（後のことは君次第だよ！　自己責任でなんでもやってね）」ということなのです。つまり、単に繋いでいるだけ。**きっかけを与えているにすぎない、**といえばわかりやすいですね。

紹介した手前、お互いがうまくウイン・ウインの関係になってくれれば最高だけど、結果はわからない。**良くも悪くも、ニュートラルな気持ちで紹介しているだけ**なので

す。

この話を、僕の人生の師匠である岡部隆司さんにすると、

「詐欺だって？　それは困ったね。でも彼の責任ではないよね。その人にいいと思ったから単純に紹介しただけだよ。それに、僕の紹介だから絶対に付き合わないといけない、なんてルールはないからね。紹介はしたけれど、その人を見て、付き合える人かそうでないかを判断するのは、その人自身でしょう」

と、にべもない言い方でした。

先日、サンフランシスコからナパバレーを訪れたときの話です。

ある億万長者の方に、「今、カリフォルニアのナパに来ています！」とＬＩＮＥしました。

すると、「ナパにいるなら、紹介したい人がいる」という返信がすぐに来ました。

僕には別の用事があったのですが、予定を変更して会いに行きました。

紹介してもらった方はジャック坂崎さんといい、トヨタカップやデビスカップを仕掛けたスポーツ界の重鎮だったのです。この出会いがきっかけで、今では毎年９月に

東京アメリカンクラブで開催されるナパのワイン会に呼ばれるほどの仲になることができました。

とにかく、億万長者の方の紹介は趣味みたいなものなのでしょう。**常に紹介するネタを探している、**と言えるかもしれません。

誰が紹介したのかによらず、この世界で生きていくということは、常に弱肉強食の世界で騙される危険性を孕《はら》んでいることを忘れてはいけません。

最初から騙す気がなくても、事業が頓挫して出資した資金が戻ってこないこともあるでしょう。そうしたこともすべて含めて、**自己責任の名の下で行動する覚悟があるのか**が問われるのです。

ここをマネる！

❖自分の身元を伝えて「紹介されやすい人」になっておく
❖紹介はあくまできっかけ、それをどう活かすかは当人同士の問題

習慣 23

成功体験に縛られない

新しいものを全力で受け取り、反応する気力を養う

今から4年ほど前に、スティーブ・アオキ*を初めて聴きました。

「今、ＥＤＭ（エレクトロニック・ダンス・ミュージック）が盛り上がっていますよ」とある人から言われて、しぶしぶ聴いてみたのです（注：物事にはまず、好意的に取り組むこと！）。

「この曲がスティーブ・アオキの代表曲です」と聴かされても、正直ピンと来ない。それどころか、何が良いのかわからない。「うるさいなぁ、嫌いだなぁ」と身体が拒絶する感じで、思わず僕の口から「アオキ、良くないね」とこぼれそうになりました。

でも、でも、口からこぼれる手前で止めたのです。

もしかして**僕が「良くない」と思ったのは、自分の老化が原因ではないのか。センサーがポンコツになっているのではないのか？**　と気づいたからです。

冷静に考えてみると、もちろんアオキが悪いわけではなく、**僕のセンサーの問題**なのです。

「残念だけど、これは僕が対応できていないんだ！」

と、認めるのは辛いことです。

「こんなことではダメだ！」

僕は自分を叱咤しました。

思考を正反対に切り替え、**まず全力で受け取ろう**と思い直したのです。

とにかくスティーブ・アオキ関連の作品を全部ダウンロードして、一日中〝アオキ漬け〟の日々を送ることにしました。エンドレスで聴きまくりです。そして3日目に、ようやく変化が訪れます。

「いいじゃん、スティーブ！」と、自分の中で化学反応が起きたのです！

数年前、飛行機会社を再建した経営者が、何かのインタビューの折に「最近の歌謡曲の歌詞には、心がない」とコメントしていました。

この発言は、「自分は老害ですよ」と言っているのと同じことなのに、本人はまったく気づいてないいんだなぁ、と哀れにさえ思ったことを思い出しました。

この経験を通して、僕が心に留め置かなければならないと思ったのは、**「いまどきの若者は……」的なセリフが口から出たら要注意、**ということです。

このセリフが自然に口をついたら、あなたは**老害決定**です。

他にも、「最近、テレビがおもしろくない」「めっきり映画を見なくなった」「欲しい商品がまったくない」「それ、興味がわかないいんだよね」、また、赤ちょうちんで、「俺が若かったころはなぁ……」とか、「俺にできて、なんでおまえはできないんだ……」などと、酔いに任せて自分の部下に説教をするような上司にもなってはいけません。

こうしたテイストのセリフは、すべて老害決定ワードです。

残念ながら、あなたが**単に新しいことに反応できていないだけ**なのです。

人はみな、知らず知らずのうちに、大なり小なり過去の成功体験に縛られて生きています。この自分の成功体験に縛られれば縛られるほど、思考の自由度は奪われ、新しい情報を受け入れるスペースが失われていきます。

だからこそ、いろいろな人が、たくさんの書籍が、**「成功体験に自縛されるな！」**と声高に訴えているのです。

◇自ら変化を生み出し、「受け取る力」を磨く

しかし、言うは易く、行うは難し。

自分から受け入れ、変化していくのはとても難しいことです。

まず、**新しいことや情報を拒絶しないこと。**自分で意識を切り替え、肯定的な興味をもって、その「新しい」を受け入れようとすること。

正直、49歳の僕に「太郎さん、それって老害ですよ」と親切に教えてくれる人はいません。残念ながら、自分で気づいていくしかないのです。

新しいことへの対応がうまくできないとき、僕はまず、自分の老害を疑うようにしています。

老害を未然に防いでいくには、自分から定期的に「新しい変化をつくり出してい

く」ためのイベントとして、海外旅行を強制的に計画したり、新しいレストランや新しいホテル、新しい電化製品、新しい音楽、新しいカルチャーに身体ごとぶつかっていくことが必要です。

あなたの日常が退屈なルーティンだらけなら、そうした平板な状況に見切りをつけ、今までやっていない領域に心新たに飛び込み、自分をどんどんバージョンアップさせましょう！　心地よいセーフティエリアから飛び出して、**緊張感のある最前線に躍り出る**のです。

もちろん、新しいものを学んで自分を変化させるのは、気力のいることです。しかしこの**気力こそが、自分の人生を生きるパスポートになる**ことを忘れないでください。

僕は、通販コンサルタントという職業のおかげで、多くの経営者や成功者との出会いに恵まれました。

その中でも、大きな成功を手にした人ほど、当時の〝成功の方程式〟を手放せないように見えました。**「正しいのは自分で、間違っているのは他人」と思い込みがち**ですから、注意が必要です。年齢は関係ないかもしれませんが、やはり40歳を超えると、柔軟性がなくなってくるようです。僕自身も、それを痛感しています。

まずは、自分が〝裸の老害野郎〟になっていないかを省みることです。

僕が人を見るときの基準のひとつは、**「新しいものを受け取る力」**です。新しい情報に好意的に取り組んでいるか、その姿勢を見ています。言い訳ばかりしている〝終わっているオッサン〟と付き合う無駄な時間など、僕にはありません。

その人が終わっているかどうかを見分けたいなら、「スティーブ・アオキは好きですか？　聴いてみませんか？」と、質問するといいかもしれません。

ここをマネる！

❖自分の知らないモノでも、素直に受け入れてみよう

❖〝終わった老害〟にならないよう、気力を維持して変化を生み出そう

＊スティーブ・アオキ……2度のグラミー賞ノミネートを誇る世界的なミュージシャン＆音楽プロデューサー。ライブで、ケーキを観客に投げつけるパフォーマンスも人気。

第4章

健康と趣味の習慣

習慣 24

タバコを吸わない

人生最大のリスク「病気」への対処法をもっている

この本を執筆するために、何人もの億万長者にリサーチをしました。

その質問項目のひとつに、**1年間で受けた人間ドックの最高回数**を尋ねたものがあります。

ちなみに最高回数は**年に4回。**その億万長者は、55歳までは、最低でも年に3回は検査したいそうです。このサイクルで検査をすれば、「発見したけれど手遅れ」はないというのです。そして55歳を超えれば、がんの進行スピードも遅くなるので、回数を減らしていく予定だと言っていました。

また、医療系機器の輸入をしているメーカーの社長は、医者の不養生ではないけれど、人間ドックが嫌いで一度も受けたことがないと言います。

このように、**億万長者といえども健康に対する考え方は人それぞれ**です。

もちろん定期的な「人間ドック」で病気の早期発見、早期治療を心がけている方は多いと思います。仕事で成功しても命を削って病気になってては本末転倒なうえに、多くの社員を抱える経営者、または家族の長として責任があると考えるのは当然です。

2013年、女優のアンジェリーナ・ジョリーが、乳がん予防のため、両胸から乳腺を切除する手術を受けたことが大きなニュースになりました。その後、2015年には、卵巣と卵管を摘出する手術を受けています。

この2つの手術は、予防的切除手術と呼ばれています。最先端の遺伝子検査の結果、乳がんになる可能性が87％と判明したことを受けて、家系的に、乳がんや卵巣がんになりやすい体質であるアンジーは手術を決意したといいます。

最先端の医学の進歩によって、寿命に関係する遺伝子やメカニズムの解明がまさに今現在、世界中で進められ、平均寿命が100歳を超える時代は目の前です。医学のシンギュラリティーが起これば、不老不死も夢ではないかもしれません。

医療分野では、倫理や宗教、政治などの観点からクリアすべき問題は山積していますが、不死はともかく、不老を実現する可能性は日々高まっていると言えるでしょう。

◇人間ドックの前に、やっておくべきこと

長生きできても、10年寝たきりでは意味がありません。

そのためには、どんな習慣を身につけるべきなのか。

どんな食生活を選ぶべきなのか。

検討すべき課題は、多岐にわたります。

僕の一番仲のいい素敵な億万長者も、40代のころは、年に最低2回は人間ドックを受けていました。それが60歳の声が聞こえてからは、粗探しのような人間ドックはやめて、日々の生活にヨガを取り入れ、オーガニックな食事を実践しています。

自身の身体を人間ドックでモニタリングするのではなく、毎日「身体との対話がきちんとできているか?」と**〝身体の声〟を聞くようにしている**そうです。人間ドック

の前に、やるべきことがあることに気づいたのでしょう。

もちろん億万長者の方は、一般の人たちに比べて医者とのネットワークも広く、いざ手術となれば、名医中の名医と言われるドクターを指名できるルートをもち合わせているでしょう。それ以外にも、気功やヨガ、ストレッチ、コールドプレスの生ジュースに発芽玄米食、果ては酵素ドリンクなど、自分でできることは徹底して実践しています。とにかく、**健康への意識の高さはズバ抜けています。**

かくいう僕は、健康への意識は高いのですが、まったく実践できていません。世の中の〝悪いお誘い〟に乗っかり、毎晩のように酒を飲み、泥の船を漕いでおります(笑)。気がついたら、一度も会社の健康診断、ましてやがん検診を受けたことがありません。健康診断が大嫌いなのです。

そんな中で、**脳ドック**という脳梗塞の予兆を調べるMRI検査と、心筋梗塞の前兆を調べる**心臓ドック**の2つだけは定期的に受けています。なぜこの2つの検査を受けているかというと、もし病気が発覚したとしても、最新のカテーテル治療で身体への負担が少ない手術ができるからです。

その他、健康で注意したいのは喫煙です。まだタバコを吸っている人がいたら、絶対にやめたほうがいいでしょう。百害あって一利なしですから。

人間ドック好きになれとは言いませんが、自分の身体が今どのような状態なのか、絶えず気を配ることは大切です。

あなたに家族、それも幼子がいるなら、働き手である自分の健康に留意するのはリスクヘッジになります。

医療技術が進歩したとはいえ、人生最大のリスクはやはり「病気」です。

「備えあれば憂いなし」です。

ここをマネる！

❖健康に対する意識を限りなく高めていく

❖自分の〝身体の声〟が聞こえるような生活をする

習慣25

ワインセラーが半端ない

ワインを通じて、本物を見極める目を養う

ワインは、億万長者の共通言語のひとつです。

ある億万長者が所有している、葉山(神奈川県)にある別邸のガーデンパーティーに参加したときのことです。主催の彼から、2000本はあろうかという自慢のワインセラーを見せてもらいました。

ロマネコンティーから、シャトーマルゴー、シャトーラフィットロートシルトと、ボルドーの五大シャトーがずらりと年代別に並んでいます。その中にアンリ・ジローの「フュ・ド・シェーヌ」*というプレミアムなシャンパンを見つけました。

「アンリ・ジロー、美味しいですよね。僕がタローだからってわけじゃないですが……」と言うと、「じゃあ、今日はこのジローを開けよう」ということになりました。

これは、**「せっかく飲むなら、ワインへの造詣《ぞうけい》が深い人に飲んでもらいたい。同じようにワインを愛し、ワインがわかる人とワインを楽しみたい」**という気持ちの表れなのです。反対に、ワインがわからない人に、膨大なコレクションの中から素敵なワインを開ける億万長者はいません。

体質的にお酒が飲めない人には、もちろん無理にはお勧めできませんが、億万長者を目指すならワインに興味をもって、今から勉強をはじめておくといいでしょう。

その理由は、**ワインを理解するためには、どうしてもそれ相応の時間がかかる**からです。もちろん、これは何もワインに限ったことではありません。本当にいいものの良さがわかるには、たいてい何年もかかるものです。

スピードが勝負と言われる現代、ビジネスがうまく軌道にのれば、1年や2年で、1億円、2億円の大金を稼ぎ出す人も出てきています。すると簡単に〝億万長者ごっこ〟ができてしまいます。ところがワインに関して言えば、そうは問屋が卸しません。いくらお金があっても、**ワインは飲まないことにははじまらない**からです。

しかも残念なことに、「高額なワインを飲みさえすれば、わかる」という簡単な話ではないのです。どのように美味しいのか、また自分の好きな傾向はどんなワインなのか、ある程度飲む経験を重ねておかないと、ワインの経験知が増えていきません。せっかく貴重で高価なワインを飲んでも、猫に小判になりかねません。ワインを飲みつけている方から見れば、飲んできたか、飲んできていないかは一目瞭然です。

ワインの産地やグレード、作り手の系譜を整理しながら飲み比べ、経験を知識と照らし合わせツリー状に整理していくことが大切です。

もちろん料理とのペアリングを考えたり、このシャンパンのあとはこの白ワインで、その次はこの赤ワインだなといった連続性を考えたりすることもワインの楽しみ方のひとつです。

「たかがワイン、されどワイン」

その奥行きが堪能できるようになるまでに、最低でも10年以上の長い道のりを要します。

◇ワインはホンモノを見極める目を養ってくれる

安いワインも悪くはありませんが、それよりなにより「これは？　何なんだ？　ワインなのか！」と震えるほど美味しいワインをぜひ味わってほしいのです。**素晴らしいワインとの出会いで人生が一変します。**

ぜひ機会をつくって美味しいワインを飲んでください。

ホンモノを見極め堪能する。

その素晴らしさを感じてほしいのです。

そして、ワインだけでなく、仕事でも、人生でも、そうした素晴らしいホンモノの体験を積み重ねていってほしいと思っています。

ちなみに、僕が本格的にワインを飲みだしたのは28歳のときです。あれから20年。年平均500本でも20年で1万本飲んでいる計算になります。

最初の1年はブルゴーニュの赤ばかり。それもグラン・クリュとプルミエ・クリュばかり、300本は飲みました。翌年はボルドーとブルゴーニュのみを500本以上飲みました。

これでしっかりと基礎をつくりました。

今でも多い年は700本以上飲みます。最近はレコルタンのシャンパンばかりです。あと自然派ワインがおもしろいですね。

ここをマネる！

❖ワイン修業は一刻も早くはじめること

❖本物のワインで経験知を積むと、ものの見方が変わる

*フュ・ド・シェーヌ……「フュ・ド・シェーヌ」とは木樽という意味で、その名のとおりオーク樽で発酵、熟成をさせたアンリ・ジローのフラッグ・シップキュヴェのひとつです。2013年には、フュ・ド・シェーヌを超えるトップキュベとして「ARGONNE（アルゴンヌ）2002」がリリースされました。

習慣26

和の稽古を続ける

仕事以外に、人としての幅を広げる機会をもつ

50歳にもなれば、**ビシッと着物を着こなし、和の伝統芸能に明るいのは、素敵な億万長者の必須科目**といっても過言ではありません。日本人としての意識が高いともいえるでしょう。

日本は、素敵な伝統芸能で溢れています。

伝統芸能を学べば学ぶほど、日本のことをますます好きになるそうです。日本という国の歴史の厚み、深さを感じることができるからでしょう。そして、日本に対して自然に誇りを抱くようになるのです。

ひとくちに伝統芸能と言ってもいろいろなものがありますが、特に「道」とつく、

茶道や華道、書道、そして香道がまずは挙げられるでしょう。

また、日本舞踊も原始神楽《かぐら》から田楽に雅楽（舞楽）、猿楽など、そして、歌舞伎をはじめ、能に狂言、浄瑠璃などがあります。唄関連だと、長唄に小唄、民謡に都々逸《どどいつ》など、和の古典楽器では、琴や三味線、和太鼓に小鼓、そして篠笛《しのぶえ》から尺八まで、さまざまな種類のものがあります。

概観するだけでも、日本の伝統芸能の奥深さを感じることができますね。

余談ですが、成功してお金持ちになると、「叱られる」機会が激減します。そういう意味でも、**芸事のお師匠さんからピシッと叱られるのは新鮮で貴重な体験です。**驕《おご》ることなく礼儀礼節に従うことで、心が清まると言います。

◇人間としての幅を広げてくれる伝統芸能の世界

さて国内で現存する最古の原始神楽のひとつに、宮崎は西都市の山奥にある銀鏡《しろみ》神社で毎年12月14日から15日にかけて、式一番から式三十三番が奉納される銀鏡神楽があります。この神楽は、1977年に「米良《めら》神楽」の名で、国の重要無形民俗文化財に指定されています。

実は、数十年来お世話になっている宮崎の先輩経営者からのお誘いで、この神楽に参加したことがあります。

極寒の中、火が煌々と焚かれ、イノシシの生首が祀られた神楽殿で、夜を徹して、神に奉納される一心不乱の原始の舞は必見の価値があります。

神楽が催される地区には宿泊施設がほぼないため、民家に泊めてもらうことになります。僕は地区一番の腕をもつ猟師さんのお宅で、食事もお酒もすべてご馳走になりました。

千年以上も続く伝統芸能の迫力を、正確に伝える言葉を僕はもち合わせていませんが、まずは選り好みせず、**好意的な感情をもって伝統芸能に触れてみる**のが最善の一歩ではないでしょうか。

銀鏡神楽に機会をつくって参加することを、心からお勧めします。

また、能楽堂や歌舞伎座に実際に出向いて、ライブでその迫力に魂を震わせてみてください。

自分の知らない世界や古典の伝統芸能の世界に足を踏み入れることで、新たな発見がきっとあることでしょう。それが直接、仕事に結びつくことは少なくても、確実に**人間の幅を広げる**ことになるはずです。

仕事がいくらできても、仕事の話しかできないのでは、おもしろみのない人間と思われてしまいます。**同じ仕事をするにしても、人間として魅力のある人と一緒にやりたい**と思うのが人情ではありませんか。

さあ、あなたの中に眠っている新しい扉を、伝統芸能を通して開けてみましょう！

ここをマネる！

❖伝統芸能によって日本のルーツを知り、新しい世界へ飛び込む！
❖和の稽古事を続けると、人間の幅が広がっていく

習慣27

徹底的に極める

趣味にプロレベルで打ち込む人間は、迫力が違う

あなたの得意分野は何ですか？
あなたはそれを、簡潔に説明できますか？

素敵な億万長者は、自分の得意分野を短くシンプルに説明できます。

僕が20年来お世話になっている、素敵な億万長者の代表とも言える方の得意分野は、ずばりハッキング。コンピュータネットワークのセキュリティーのプロフェッショナルなのです。外国からの執拗なサーバーアタックも、物ともしません。サクサクと対策を打ち出し、相手を撃破してしまいます。

彼の具体的でリアルな話は、ニュースでは体感できない迫力でもって、聞く者全員

を魅了します。そして、自然と尊敬の念が湧いてきて、頭が下がるのです。しかしその裏には、パスワードクラックの最新手法や日々生まれるウイルスの対策まで、彼の弛《たゆ》まぬ情報収集と研鑽があるのです。

徹底的に極めた人間だけがもつ迫力、といえばいいでしょうか。

ひとくちに得意分野といっても、たくさんあります。

ビジネスの領域であれば、マーケティングから商品開発、海外進出、輸出入の通関業務、会計監査、配送や物流まわり、システム開発やリニューアル、リクルーティングや人事評価といった人事制度まで、非常に多岐にわたります。

趣味の領域なら、スポーツ、音楽、映画、カメラ、旅、アウトドア、アート、料理、自動車やバイク、切手やコインのコレクションなど、こちらも多様です。

僕には、〝遺産相続〟にやたらと詳しい先輩がいます。どんな質問も一発回答！もう玄人はだしといっていいくらいの遺産相続関連のプロですが、意外なことに本業は輸入車販売のセールスマンなのです。

なぜそこまで詳しいのか、理由を聞いたことはありませんが、何か遺産関連で困ったことがあれば、ほぼ自動的に「先輩に話を聞け！」というほどです。

そして遺産絡みの相談のついでに、返報性の法則よろしく車が売れていきます。**相手のためになることを無心で行い、それが売上げ増に結びつくという素敵な循環**が起きています。

◇「ちょっとは得意」ではなく、「プロレベル」を目指す

あらためて質問します。

あなたの得意分野は何ですか？

ちょっとカメラが趣味で、ちょっと料理が得意で……のような「ちょっと」レベルでは全然ダメです。**集中してやり込んでこそ、得意分野になる**のです。

また、徹底的に打ち込んだ経験のある人だけが備えられる卓越した技術も、誰かの役に立たないと宝の持ち腐れになりかねません。得意を極めたら、惜しみなくその技

術を披露していきましょう。

それによって、新たな世界が開けることもあるでしょう。遺産相続でプロ並みとなった先輩のように、仕事に返ってくることも十分あり得ます。

「これは**完全にプロフェッショナル・レベル**ですね！」と驚嘆されるのを目標にしましょう。

ここをマネる！

❖趣味も〝ちょっと〟レベルではなく、徹底的に打ち込む
❖得意を極めて身につけた技術を、惜しみなく披露する

第5章

お金の習慣

習慣 28

お札は常にピン札にする

ゲン担ぎを通じて、お金に対する礼を尽くす

30歳のころ、あるお金のセミナーに参加したことがあります。

そのセミナーの中で、

「1時間かけて1万円札を模写する」

という体験がありました。

1万円札をお手本にして、鉛筆で1万円を集中して描くのです。

描いてみるとすぐに、1万円札の図柄の緻密さに驚かされました。

1万円札と1000円札を見比べると、もう1000円札がおもちゃの金券に見えてくるほどです。グラデーションの入れ方ひとつをとっても、1万円札の密度は芸術レベル。

日本の最高峰の印刷技術によって刷られているのが、1万円札なのです。

その1万円札の話です。ある億万長者の方の財布を、見せてもらう機会がありました。中にはピン札が2束、200万円の札束が整然と入っていて感心したことがあります。

この例を持ち出すまでもなく、本当に**億万長者はピン札が大好き**です。

僕の師匠のひとりは、いつも財布に帯封緘《おびふうかん》付きの1万円札が100枚入っています。

「なんで帯封の100万円なんですか？」

と質問すると、

「嫌いかね？ **これって一番のパワーアイテムじゃないか。帯封100万円！** ビンビン来る！ 使うときは小指でピッと帯封を切って、ピッピッと札を数えて払うんだよ。かっこいいだろ！」

帯封緘付きの100万円の束など滅多に見られるものではありませんが、機会があれば、ぜひやってみましょう！ 真新しいピンピンのピン札100枚、厚さは1㎝。

何度見ても触っても、テンションが上がること間違いありません。

話を戻しますが、先の億万長者の方に〝ピン札信仰〟について質問をしてみました。

すると、

「だってさ、太郎ちゃん。同じ1万円だよ。同じなら、絶対に真新しいピン札の方が気持ちいいだろう」

まあ、そのとおりですから、「たしかに」と頷《うなず》くしかありません。

◇億万長者たちの、世にもおもしろいゲン担ぎ

さて、いろいろと話を聴くうちに、ピン札に限らず、**億万長者特有の「ゲン担ぎ」がある**ことがわかりました。

まずは、有名なところから。お札には1万円札と5千円札、2千円札と千円札がありますが、これを決して混ぜないこと。**1万円札はプライドが高いので、格下の千円**

札と一緒なのは居心地が悪い。一緒にしていると、1万円札が逃げてしまうと説明されました。

それから、**お札は常にピン札に交換して、お札の向きや裏表を揃えておく。**そして、お札は折らないこと。そのため、マネークリップや二つ折りの財布も基本的には使いません。

お財布にお札を入れるときの向きは、下向きです。

財布からお札を抜き出すときに、福澤諭吉が裏になるようにします。

その理由は福澤諭吉が恥ずかしがり屋だから、だそうです。目が合うと恥ずかしくて、居心地が悪い。居心地が悪いと出ていってしまう。だから、できるだけ目を合わさないように工夫をしていると言うのです。

わかるような、わからないような……。ちょっと不思議ですね。

領収書でパンパンになっている財布や、ポイントカードだらけの財布ももちろんダメです。小銭は小銭専用のコイン入れに収めて、財布はなるべくスッキリさせること。

お金が貯まらない人は、こうした点に無頓着です。

いかがでしょう。

ここで紹介したことは、やろうと思えば、誰でもマネできることです。

こだわりが強い億万長者は、神棚にお札専用のベッドをつくっています。夜はお札を財布から出して、お札にベッドで寝ていただくというのです。ここまでくると少し宗教がかってきますが、それだけお金を大切にしている姿勢の表れとも言えるでしょう。

億万長者はお金（お札）に対して、自分のできる最大限の礼を尽くしているのです。

ここをマネる！

❖自分のパワーアイテムを見つけておく

❖お金に最大限の礼を尽くして、ゲン担ぎも大切にする

習慣29

投資に明るい

何に焦点を当てると儲かるのか、学び続ける

当然と言えば当然ですが、億万長者は投資に明るい方が多いです。

もちろん全員ではありません。投資は専門チームに任せているという人も、少なからずいます。ただ定期的にレポートをシェアするうちに、詳しくなるのは自然の流れでしょう。

円やドル、ユーロや中国元に精通しているだけでなく、南アフリカの通貨であるランドの金利や手数料、株式や先物についても相応の知識をもち合わせています。

世の中のトレンドのスタートとゴールが見通せていて、「まだ早いかな」と思える波にもきちんと乗れる経験とスキルを保持しているのが、投資に精通した億万長者です。

大きな世の中の流れと、各業界の個別のトレンド、つまり**マクロとミクロの視点の両方からバランスよく観察していく**ことで養われる感覚です。漠然と日経平均株価を追っているだけでは、何もわかりません。

自分の得意な会社または業界の株価を基準に、メガバンクを1つ、航空系を1つ、自動車系を1つ、通信系を1つ、精密機械系を1つというように、自分のセンサーとして働く〝私設ファンド〟をリスト化して、定期的に観察していくと流れがわかるようになってきます。

また、観察するだけではなく、できれば実際に少しでも株などを購入するといい勉強になるでしょう。

◇本来のレバレッジを勉強してみよう

投資意欲というモチベーションに気づいたら、投資の勉強をはじめましょう。

まず、基本的なことが書かれている入門書を1冊読んでみる。

次に〝**レバレッジ**〟をテーマに勉強してみる。レバレッジと聞くとすぐに信用取引かと思いがちですが、そうではなくて**本来の意味である〝テコ〟**というイメージです。

少し勉強したくらいで、〝100倍のレバレッジ〟という投資はギャンブルと同じ。

虎の子の貯金を失うことになるだけですから、やめてください。

テコの意味でのレバレッジとは、ロバート・キヨサキさんの『金持ち父さん　貧乏父さん』（筑摩書房）のレバレッジの考え方とほぼ一緒です。

レバレッジには、さまざまな種類があります。具体的には、

・頭脳（知識、ノウハウ、経験、資格、工夫など）
・他人のお金
・他人の時間
・新しいコンピュータ
・チーム
・人脈
・人材教育

といったものが挙げられます。

金融工学的にレバレッジを利かす先物取引は代表的なレバレッジのひとつですが、

10人の社員を雇用して、マニュアルをつくって効率よく働いてもらうことも、立派なレバレッジなのです。

どんなに優秀でも、1人でできることには限りがあります。できる社員を10人育てれば、10倍のスケールで稼げることになる、というのもテコの発想です。

他にも、最新のコンピュータを導入すれば、性能が劣る以前のコンピュータで仕事をするよりも時間を短縮できます。これも立派なレバレッジ。新しい技術、新しいセールス方法やマーケティングをどんどん試すことも同様です。新しい情報を拒絶せず、オープンマインドで受け入れ、取り入れていきましょう。

そして、**イーサリアム**です。

イーサリアムとは、ビットコインには及ばないものの、一定の時価総額を誇る仮想通貨のことです。まだまだ問題点も多くて不安定な仮想通貨市場ですが、見方を変えれば、安定していないからこそ、そして変動が大きいからこそ、大きく儲かる可能性があるともいえます。

これからの時代を牽引するキーワードは、仮想通貨なのか、ビッグデータなのか、

ＡＩなのか、ブロックチェーンなのか。はたまたＩＯＣ＊なのか、それともＩｏＴ＊なのか。

これらはすべて、新しいテーマであることは間違いありません。

一般的な偏見を拭い去り、新しいテーマと向き合うこと。

そして、**「何にフォーカスすれば儲かるのか」**を真剣に考えてほしいのです。

ここをマネる！

❖レバレッジは、あらゆる面で利かせることができる

❖時代を牽引する新しいキーワードに向き合い、焦点の絞り先を決める

＊IOC……Immediate or Cancel order。株の注文で予め指定した価格か、それよりも有利な価格で成立するものだけを即座に約定させ、成立しなかったものに対してはキャンセルさせる方法。

＊IoT……Internet of Things。「モノのインターネット」といわれるが、あらゆるモノをインターネットに接続することで高度なサービスを実現するグローバルインフラのこと。

習慣
30

稼ぐより、どう使うか

理想の実現のため、哲学をもってお金を使う

神近義邦さんは、ハウステンボスの創業者です。

2009年の8月に初めてお会いしてから、僕は約9年間、毎月1回、神近さんの主宰するマネジメント研究会へ参加するため、長崎の佐世保へ通っています。

ハウステンボスには、僕の子どもたちがまだ小さいころ、よく遊びに行きました。僕の自宅がある福岡から車で約2時間の地に〝身近なヨーロッパ〟が存在していたのです。「ピノキオ」というレストランの本格的な窯焼きピザが好きで、必ず訪れたのが今となってはいい思い出です。

もう20年前のことですが、何度目かのハウステンボスからの帰り際に、園内のお土産コーナーで『ハウステンボスの挑戦』（講談社）という神近さんが書かれた本を手にとりました。パラパラと読み進めると、**「森を作る意識」**というフレーズが目に留まりました。そこには、開園して数年は木と木の隙間が目立つかもしれないが、**10年後を見据えて、木を選定して植えている**という内容が書かれていたのです。

「へぇ、森をつくるのかぁ」

そのときは、「そんなことを考えている人がいるんだな……」と思った程度でした。

それから10年後の2009年8月のことです。久しぶりのハウステンボスである一日しっかり遊んで、そろそろ帰ろうかと出国ゲートに向かったところ、目の前に徐々に鬱蒼とした大きな森が現れたのです。

森はゆっくりと、しかし着実に成長していて、まさに「ハウステンボス（森の家）」に育っていたのです（ハウステンボスの開業は1992年3月ですから、この時点で開業から17年半ほどが経過していました）。

途端に僕は、神近さんの「森を作る意識」という言葉を思い出し、全身に電気が走ったかのように痺れてしまいました。感動に粟立った肌は、5分たっても落ち着きませんでした。調べてみると、園内には約40万本もの樹木を植えたそうです。

直感的に僕は、「この感動を直接、神近さんに会って伝えたい」と思いました。

神近さんは、経営不振の責任をとって2000年6月にハウステンボスの社長を辞任し、経営から一切身を引いていました。調べていくうちに、ハウステンボス町内で株式会社エコ研究所の代表を務めていることがわかりました。

自己紹介とお会いしたい旨を手紙にしたため、自分の著書数冊と一緒にすぐに送りました。そして数週間後、神近さんに会うために佐世保に向かいました。

そこで夢のような対面をさせていただいたのです。

◇「稼ぐ」だけの人間で終わらない

神近さんとの会話の中で、

「あー、太郎くんは、まだまだ稼ぐ方に意識がいっているんだな」

と言われた僕は、思わず、

「稼ぐ方の他に、何があるのですか？」

と聞き返しました。

「使う方だよ」

と神近さんはあっさり言われました。

「私はね、ハウステンボスの前身の長崎オランダ村時代から、お金をどう有効に使うかだけを考えたんだな。**稼ぐことも大事だけど、そのお金をどう使うかの方が重要なんだ**よ。それに正しく使う方にフォーカスしていれば、お客様は自然に集まってくるからね」

ハウステンボスができた土地は、もともと工業団地を誘致するための荒れ果てた埋立地で、そのほとんどは草も木も生えない、ヘドロの土壌だったそうです。

エコロジーの基本を学んでいた神近さんは、その土地を単にコンクリートで固めるのではなく、一旦このヘドロを掘り返し、**そっくり土を入れ替える**という途方もないことを実行します。

まず、ほぼ全域の土地を掘削し堆肥を混入していくという有機的手法で土地の改良を実施し、計画的な植栽を行い、約40万本の樹木と30万本の花を植えたのです。

神近さんにとっては、

「ホンモノをつくるのだから、基本の土壌が汚染されていては話にならない」

と、しごく当然のことだったそうです。

ハウステンボスの敷地は約152万平方メートルと、東京ディズニーリゾートの1・5倍、ユニバーサル・スタジオ・ジャパンの約3倍の広さです。

その園内に敷き詰められている石畳のタイル、建物に使われている壁面のタイル、そのすべてては**オランダで製造された本物**を船で運んできたそうです。


ちなみに、ハウステンボスのホテルは、通常見られない裏側の壁までタイルで施されています。

「見られない場所もキッチリつくる」という、スティーブ・ジョブズとも共通するスピリットが神近さんにも流れているのです。

「稼ぐから使う」へ意識を変える。

キャバクラで散財するのとは訳が違います。

100億円、1000億円単位で、大きな塊のお金を事業に投じた神近さんの迫力には、感服するしかありません。

ここをマネる!

❖稼ぐよりも、「何に使うか」に意識を変える!

❖ホンモノをつくるために、「どうお金を使うのか」を考える

習慣31

印税的な収入を重視する

時間と場所から自由になって、不労所得で賢く生きる

今のあなたの収入の中に、**〝印税的な収入〟**はありますか？

ここでいう印税的な収入とは、著作物や特許への対価としての印税と同じく、発明の使用権や商品名、デザインなどの使用権、また広告に使用されたモデルの権利や、創業社長が一線を退いたあとに顧問として報酬をもらうケースなどを指します。

労働集約的な所得の反対にある、**不労所得**のことです。

あなたに印税的な収入がまだないとしても、近い将来、印税的な収入を得る計画やアイデアはありますか？

できれば単年ではなく、**できるだけ長く、数十年にわたって支払われる年金的な不**

労所得、収入が望ましいところです。

まずは給与という収入以外にも、いくつかのスタイルの収入があることを知ってください。身近なものとしては、不動産の家賃収入や債券、ファンドといった金融商品からの収入も考えられます。できることから実行していきましょう。

僕が最初に、印税的な収入で暮らせる方法を考えはじめたのは28歳のときです。それから20年間、ずっと印税的収入を得る方法を考え続けています。

なにせ実労働だけで収入を増やすとなると、大袈裟ではなく、本当に朝から夜中まで、実務作業をしないと仕事が終わりません。

これでは大切な時間が、どんどん失われていきます。

労働集約的な働き方では、時間と引き換えにしかお金を手にすることができません。こんな調子では、お金が手に入っても、病気になってしまっては元も子もありません。

極端にいえば、労働で得る収入の他に、印税的収入ができれば月平均50万円くらいあると素敵だなぁと思っています。

「働かざるもの食うべからず」の世界では、正直、こんな話は不謹慎すぎて大きな声では言えませんが、**実は僕は働きたくないのです。**

今やっている仕事は全部やめて、印税的な収入だけで生活したいと思っています。

極めて不謹慎かもしれませんが、大真面目です。

もう49歳。残りの人生を考えると、時間が足りません。

仕事を全部やめるのか、それとも新しい働き方を取り入れるのか、新しい収入のカタチも含めてイメージを整理する必要を感じています。

もちろん、最初から印税的収入だけで生活するのは難しいかもしれません。しかしアイデアや特許などで一気に億万長者の階段を駆け上がる可能性が、小学生にも主婦にも等しく開かれているのも事実です。年齢や経験は、実は関係ありません。

子どもっぽいかもしれませんが、**「特許でボロ儲けするぞ！」**なんていうイメージでもいいと思います。

印税的収入が得られる方法は、現状のビジネスの世界では、大きい括りでは20個程度ではないでしょうか。

作品にしろブランドにしろ、主なものは**権利収入**です。

最近では、インターネットのおかげで、新たな収入の道も見えてきました。

たとえばユーチューバーにしろ、インスタグラマーにしろ、ひと昔前には考えられなかった職業でした。自分のコンテンツから収入が得られる時代が、目の前にやって来ています。

古典的な印税の仕組みを、最新のテクノロジーによってきちんとした課金システムに再構築し、誰もがフェアに利益を得られる仕組みが生み出せる世の中になっているのです。

僕もあと10年若かったら、ユーチューバーになっていたかもしれません。

いやいや！　**今からでも遅くないぞ！**

ここをマネる！

- 時間の切り売りから離れられる働き方・収入の道を模索しよう
- 最新の技術を使って、新しい働き方、新しい収入の手立てをイメージする

習慣
32

自問自答する

億万長者の資格があるか、絶えず自分に問いかけよう

さて、ここまで素敵な億万長者の習慣を紹介してきました。今のあなたに役に立つものもあれば、今すぐには役に立ちそうもないものもあったかもしれません。

それでも「億万長者になりたい」と思っているあなたに、最後の問いかけをします。

「今のあなたは、億万長者になる資格がありますか？」

億万長者になっていく過程で大切なこと、必要なことは、**自分が億万長者になる資格があると確信がもてるか、**なのです。

ぜひ、今一度自分自身に問いかけてほしいのです。


今の自分は億万長者の資格を兼ね備えているか？

「いや、まだ不十分だ」

と思うのか、

「いつ億万長者になっても大丈夫！　すでに億万長者の資格はある！」

と思うのか。


いつも不誠実で口先ばかり。仕事はいい加減で無責任。

口をひらけば他人の悪口ばかり。

そんな人間力のない、エネルギーの低い人が億万長者になる資格があると、あなたは思いますか？

現在の自分を、自分で厳しく採点してみてください。

本当にその資格はあるのかを。

そして、**成功を受け入れる準備はできていますか？**

大きな声で叫びましょう！

イエス

イエス

イエス

イエス

イエス

イエス

大きくイエス！

エピローグ——誰かの人生の指標になりたい

先日、東京での僕の師匠であり、音楽投稿雑誌『ロッキング・オン』創刊メンバーであり、メディア・プロデューサーである橘川幸夫《きつかわゆきお》さんが開催する「未来フェス」という大きなイベントが京都でありました。

単なる評論家の意見ではない、現場で汗を流す実践家40人が、朝10時から夕方まで同志社大学の大教室を舞台に、次々と自らの夢とその未来について発表していきました。全国各地で本気で生きているエネルギーの高い人ばかり、よくこれだけ集めたものだと驚きました。

こんな人たちを事もなげに集める橘川さんは、僕の人生の指標です。

「こんな大人がいるんだ！」「60歳を超えても、これだけのバイタリティをもってやれるんだ！」ということを、信じるも信じないも、目の前に現実として提示してくれた人です。

橘川さんは本当に、生涯現役をハイレベルでやりきりそうです。

想いひとつの構想から、これだけ大きな規模で人の縁を繋いで多くの人を巻き込み、こんなにも素敵なことがスピーディに実現できると信じられるのは、橘川さんのリアルに参加させてもらったからです。

ただ、橘川さんは億万長者ではありません。身体も丈夫ではありません。身長も高くはありません。体力もそれほどありません。

それでも会うたびに、震える瞬間が何度もあるのです。

まず**発想が非常識ですごい。**

自分から動いて人を巻き込み、カタチにしていく行動力。

お金をもっていようがもっていまいが、まったく気にしない人間力。

必要なら集めればいいし、必要なときは自然に集まるものだと達観しています。

そして、**現実に仕上げていく実践力。**

その一つひとつ、すべてが、僕の指標なのです。

２０１９年1月で僕も遅ればせながら49歳になりました。60歳になるころには、誰かの指標になりたいと思っているのですが、それにはおそらく、橘川さんを目標にするのが近道なのだと今では確信しています。だから、僕にとって橘川さんは最大の指標なのです。

誰かの指標になりえる人間。若い人の希望の存在たる人間。

こういう生き方が成立するのが、人間としての存在価値であり、有意義な人生であると思っています。

できれば、指標とされる人として恥じない生き方を選びたいものです。たとえ一生をかけても使い切れないお金をもった億万長者であったとしても、人として恥ずかしい生き方をしたのでは、残念なだけですから。

仕事が忙しすぎて、やりたいことができない。

これほど貧乏くさいセリフはありません。やりたいことをやる時間がないなんて言い訳は、大嘘です。やる気ひとつ。お金や時間、環境や能力はまったく関係がありません。要は、**〝力強いやる気〟があるかないか**なのです。

「忙しい」などと言うのは、ただやる気が欠乏しているだけにすぎません。

世界に目を向けてみてください。

お金はあっても、自由に生きていない人がたくさんいます。

使えない大金なんて、もっていても仕方ありません。

経済的な自由より、精神の自由の方が大切です。

そもそも僕たちは、仕事だけをするために生きているのではありません。**人生を大いに楽しむために生きているはずです。**

だからこそ、惜しみなく愛を注ぎ、愛を育み、愛を感じ、愛に包まれ、愛に学び、愛に生きるのです。**素敵なパートナーを大切にしましょう。**

時間を、体験を、資産を共有したいパートナー、素敵なパートナーがいない人生は、残念ですが光のない人生といえるでしょう。

自分が本当にやりたいことを、誰にも気兼ねをすることなく遠慮せずにトライしてみましょう。

あなたが本書を読んで、生き方の方針を固めることができたなら、著者として望外の幸せです。

最後に、私の一生の師匠たちに、心からの感謝をおくります。

岡部隆司様
橘川幸夫様
多嶋政幸様

いつも本当にありがとうございます。

岡崎 太郎

参考資料

平成29年5月16日公表　総務省統計局　家計調査
キャップジェミニ社　World Wealth Report　２０１８年版
フォーブス・ビリオネア・２０１８ランキング
フォーブス・ビリオネア・２０１７ランキング
ロバート・キヨサキ『改訂版　金持ち父さん　貧乏父さん――アメリカの金持ちが教えてくれるお金の哲学』筑摩書房

億万長者《おくまんちょうじゃ》のすごい習慣《しゅうかん》

著　者——岡崎太郎（おかざき・たろう）

発行者——押鐘太陽

発行所——株式会社三笠書房

〒102-0072 東京都千代田区飯田橋3-3-1
電話：(03)5226-5734（営業部）
　　：(03)5226-5731（編集部）
http://www.mikasashobo.co.jp

印　刷——誠宏印刷

製　本——若林製本工場

編集責任者　清水篤史
ISBN978-4-8379-2775-4 C0030